Intelligence　Mind　Spirit

知情意

「超」伸びる人の法則

課題解決コンサルタント®
阿比留眞二
Shinji Abiru

三笠書房

はじめに

本書は、ビジネスパーソンが、仕事で成果を上げて、評価される人材になるためのものです。あらゆる仕事の悩みや課題を乗り越え、その他大勢から抜け出す三つの力をご紹介していきます。

私は長年、ビジネスの現場に身を置いてきました。経営者からベテラン、中堅、若手まで多くのビジネスパーソンと接してきましたが、**頭角を現す人の共通点は、みな例外なく「知・情・意」のレベルが高い**、ということです。

これから本文で詳しくお話ししていきますが、「知・情・意」とは、

「知性」

「感情」

「意志」

のことです。

知性を磨く。感情をコントロールする。意志の力を発揮する――。

重要なのは、どれか一つのレベルを上げるだけではいけない、ということです。

「知識だけではなく情熱や情愛を備え、流されない意志を持った人であれ」

これは、近代日本経済の父と呼ばれる渋沢栄一の「知・情・意」の教えです。

「知・情・意」の三つをバランスよく強化することがビジネスパーソンとしての大きな成長、成功につながるのです。


仕事というのは、日々、問題や課題だらけです。そんななかで、さまざまな悩みや壁にぶつかることも多いでしょう。

「なかなか結果が出せない」

「忙しくて余裕がない」

はじめに

「会社にいい評価をしてもらえない」

「職場の人間関係がうまくいかない」

「今後の自分のキャリアが心配」

……私も若いときには同じような悩みや壁にぶつかりました。

しかし、「知・情・意」のレベルを向上させれば、どんな悩みも壁も乗り越えていけます。

ぜひとも「知・情・意」という観点から、仕事や人間関係のスキルの向上、自己管理能力や目標達成力の向上を目指していただきたいのです。


本書では、そのためのヒントをお伝えしていきます。

知性的な仕事ができる人は、どんな知識や情報を得て、何をどう考え、判断しているのか。それをいかに成果につなげていっているのか。

感情のコントロールがうまい人は、怒りやストレスにどう対処しているのか。

常に冷静に、ときには情熱的に人を動かせる人は、どんな術《すべ》を持っているのか。

意志が強い人はどこが違うのか。失敗や挫折からどう立ち直っているのか。モチベーションをどう高め、目標を達成していっているのか――。

私は、消費財化学メーカーの花王株式会社で教育部門に配属され、社員の教育、能力開発を担当しました。その後、独立し、「課題解決コンサルタント」として活動しています。

花王時代からいままで、現場で接するビジネスパーソンにはいつも、「知・情・意」の大切さを伝え、そして、その磨き方を教えてきました。

本書は、若いビジネスパーソンにとくに役立つ内容になっていますが、ベテランの人にも、いままでの仕事を見直したり、改善したりするいい機会になると思います。リーダーや経営者の人は、部下指導にぜひ役立ててください。

「知・情・意」は、すべてのビジネスパーソン必須の力です。

阿比留眞二

目次

序章 「知・情・意」をなぜ磨くか？
――頭角を現す人の「絶対ルール」

1章

「知」をどう磨くか？

――成果に直結する「頭の鍛え方」

2章

「情」をどう磨くか？

――できる人の「マインド」はここが違う

3章

「意」をどう磨くか？

――「やり抜く理由」がある人は強い

終章

「壁」をどう破るか？
——人生に「成長スパイラル」をつくる

編集協力／森下裕士
本文DTP／株式会社Sun Fuerza

序章

「知・情・意」をなぜ磨くか？

――頭角を現す人の「絶対ルール」

「知・情・意」とは何か？

本書で紹介するのは、ビジネスパーソンが大きく成長し、活躍できる人材になるための方法です。

キーワードとなるのは、

「知・情・意」

です。

夏目漱石、渋沢栄一から松下幸之助、稲盛和夫まで、名だたる人物はみな「知・情・意」の重要性を説いてきました。

「知・情・意」とは、「知性」「感情」「意志」のことです。

この三つを意識し、自己研鑽《けんさん》やセルフマネジメントしているビジネスパーソンは、例外なく成果を出して、高い評価を手にします。

できる人の「絶対条件」

「知・情・意」と仕事の成果は、切っても切り離せない関係です。「知・情・意」を磨くことは、できる人になるための絶対条件です。

- **知――思考力、論理力、判断力の向上**
- **情――感情コントロール力、コミュニケーション力の向上**
- **意――自己成長力、目標達成力の向上**

本書では、「知・情・意」という三つのポイントから、とくに若手のビジネスパーソンの悩みの解決法、仕事力・人間関係力・目標達成力の高め方をお話ししていきたいと思います。

花王の社員教育担当として、その後独立し「課題解決コンサルタント」として、さまざまな企業やビジネスパーソンと関わってきました。これまで私が見てきたこと、学んできたこと、経験してきたことをもとに、「知・情・意」のそれぞれの磨き方を提案していきます。

伸びる人、伸びない人の分析点

会社に勤め、定年が六五歳だとすれば、大卒の場合は約四三年、高卒であればそれ以上の期間を働くことになります。

人生の多くの時間を仕事に費やすことになるのです。自分の仕事に意義や楽しみ、喜びを見出しながら、同時に成果を得る喜びを感じることができなければ、それはとても不幸なことです。

たとえば、仕事が面白くない、と感じていると、この仕事は本当に自分に向いているのだろうか、転職したほうがいいのではないか、などと悩むでしょう。

ただ、このような考え方では、どのような仕事をやっても、どんな職場に転職したとしても、同じでしょう。したがって、自分の心（感情）をコントロールする術を学ぶ必要があります。つまり、**「情」を磨く**ことが必要です。

仕事が面白くない理由には、同じような仕事の繰り返しに耐えられない、というようなこともあるでしょう。

そのような場合、「短時間で終える工夫はできないか？」「この仕事をゲーム感覚で楽しむ方法はないか？」などと考えてみることが大切です。つまり、**「知」のレベルを上げる**ことが必要です。単純な作業といえども、頭を使えば、より効率的な方法、より面白い方法を見出すことができます。

そして成果を得るには、その方法を実践する、やり抜くことが必要です。つまり、**「意」を強くする**ことが必要です。

いかがでしょうか。

ごく単純化して話をしましたが、「知・情・意」を磨くことが、仕事の問題や課題を解決し、成果を出していくために必要なのです。

夏目漱石に学ぶ「知・情・意」

「知・情・意」

この言葉は、ドイツの哲学者カントが人間の精神のはたらきとして、人間の自律的な能力としてこの三つがあると提唱した言葉といわれていますが、夏目漱石の『草枕』にも、「知・情・意」について触れられた有名な一文があります。


智に働けば角が立つ。

情に棹《さお》させば流される。

意地を通せば窮屈だ。
とかくに人の世は住みにくい。

これは、人とのつきあい方の難しさを詠んだもので、さすが稀代の文豪、言い得て妙です。

・頭でっかちで才気走っていると（知）、まわりに嫌われる
・情にほだされて信用してしまうと（情）、裏切られかねない
・やりたいことだけ主張すれば（意）、人と衝突してしまう

と、こんなところでしょうか。

真理を突いていると思います。

ただし、逆にいえば、これらの「知・情・意」をうまくコントロールすることができれば、人間関係も人生もうまくいく、ということです。

花王で目の当たりにした「知・情・意の力」

私は、消費財化学メーカーの花王株式会社で社会人生活をスタートしました。花王本社（東京・茅場町）で経理の一般会計と税務の仕事を三年間行ない、その後、和歌山工場の経理部で洗剤を製造するコストや、その原料となる化学品を調達するコストを計算する仕事を担当しました。

数年後、新入社員のK君が和歌山工場の経理部へやってきました。彼は、とても勉強熱心で、さまざまなシステムにも通じていました。仕事も丁寧で、すぐに「K君はできる」という評価を勝ち取りました。

彼は、入社前から会社や業界についてよく調べていて、入社後に自分がやるべきこと、やりたいことを考えていたそうです（**知**）。

彼はまわりへの配慮も忘れず、人間的な魅力もありました（**情**）。

そして着実に力をつけて目標をクリアし、成果を上げていきました（意）。

その後、彼は秘書室に引き抜かれ、秘書室長を経て、最後は監査役にまでのぼり詰めました。

恥ずかしながら、私は完全に後輩の彼の後塵《こうじん》を拝していました。しかし、「こういう人が、その他大勢から抜け出していくのだな」というのを目の当たりにできたことと、「知・情・意」の重要性について早くに気づけたことは、私のその後のビジネス人生にとって非常に幸運でした。

業績最悪の部門をV字回復させた人

若手社員ではありませんが、もう一人、花王の先輩のT氏を紹介します。「知・情・意」のレベルが高く、大活躍した人の例です。

彼は、私より一〇歳ほど年上の先輩でした。海外経験も豊富で、かつ柔軟な思考の持ち主で、その手腕を見込まれて花王の化粧品部門のトップとなりました。当時、化粧品部門の業績は最悪の状況で、「押し込み販売」が横行し、問題になっていました。

会社には、売上が二つありました。一つは卸《おろし》売上、もう一つは店頭売上です。花王は製造業ですから、工場で製品をつくり、販売店に製品を納入して売上が立ちます。これが卸売上で、店頭売上は、販売店が消費者に売ることで成立します。花王の場合は直営店も持っており、押し込み販売とは、毎月の卸売上の予算達成のため、本部がお店側に商品を強引に納品する（押し込む）ことをいいます。

当時、化粧品部門のトップは家庭用品部門から来た人でした。利益を上げるためには、化粧品の販売方式ではスピード感、スケール感がなく、もっと商品を大量につくり、大量にお店に投入しなければならない、というふうに考えていたと私は推察しています。

たしかに、そうすることで、売掛金が上がりますが、それは見せかけです。実際には店頭で売れていないわけですから。

そんなやり方が通用するわけがありません。このためトップが交代となり、T氏の改革がはじまったのです。

最初に断行したことは、積極的に現場の声を聴くことでした。いままでのトップダウン偏向を見直し、トップみずから現場の販売員の話を聴き、徹底的に情報を入手しました（知）。そして現場の販売員の苦労や希望に寄り添い（情）、状況を改善する方法を考え、それを着実に実行していったのです（意）。その結果、業績はV字回復しました。

「ロールモデル」を探そう

T氏は、

①人の話をよく聴くことができる（知）

②**人に寄り添うことができる（情）**
③**問題の真の原因をつかみ、それを解決する実行力がある（意）**

という、まさに「知・情・意」のどれもがレベルの高い、花王時代の私がお手本とした人物でした。

よく探せば、あなたのまわりにも、参考とすべき**「ロールモデル」（お手本）**となる人物はいるものです。

「知・情・意」のすべてが高いレベルで備わっていなくても、この人の「知」はすごい、この人の「情」はすばらしい、この人の「意」は勉強になる、とそれぞれの「いいとこどり」をするのもありです。

その人たちのことをよく見て、真似て、自身の「知・情・意」を磨いていきましょう。

できる人は「グランドデザイン」を描いている

先ほど紹介した花王の後輩K君。彼は、「知・情・意」のいずれのレベルも高く、それぞれがバランスよく連携していました。

それだけではありません。

もう一つ大事なポイントがあります。

彼の「グランドデザイン（全体構想）の描き方」です。

・会社がこれからどうあろうとしているのか？
・そのなかで自分はどうありたいのか？
・そのために自分は何をなすべきか？

日々の細かな業務に取り組みながらも、常に大きな視点を持って会社と向き合っていました。それが、彼の「知・情・意」のレベルを向上させる大きな要因になっていたと考えます。

・会社の経営方針や上層部の考え方をよく知る（知）
・その会社の方針と自分のやりたいこととの整合性を冷静によく考える（情）
・その整合性を取るために自分のスキルアップを徹底して図る（意）

このようにして、彼はどんどん出世していったのです。

「知」をどう磨くか――考え、判断し、実行する力

「知性とは、物事を知り、考えたり判断したりする能力」

と辞書にあります。

現代人は、入手できる情報の量が豊富で、物事を「知る」ためにはとても便利な時代に生きています。

ただ、その「情報量の多さ」は、必ずしも物事を「考える」「判断する」ことにつながるわけではなく、パソコンやスマホで情報を検索し、ただ「知る」だけで終わっている、単なる知識で終わっている、ということも多いでしょう。

本来は、得た情報（知識）をもとに物事を深く考えたり、成果につながる判断をしたりすることが重要です。

そうしてはじめて、知識は「知性」に昇華します。

日本の小中学生の知力は世界的に見ても高いといわれていますが、高校生や大学生になると世界に後れを取るようになってきました。

なぜか。それは記憶力を試す試験が横行し、「考える力」をつける教育ができていないからです。

「知・情・意」の知、知性を磨くには、「情報（知識）を得て、それをもとに物事をしっかりと考え抜き、それを判断力、行動力につなげる」習慣をつけることが大切です。

・いかに正しい情報（知識）を得るか
・つかんだ情報（知識）からどう自分の考えをまとめるか
・まとめた考えから何をどうアウトプットするか（判断するか、行動するか）

このステップこそ「知性」を磨くためのカギであり、仕事で成果を出すためのカギでもあります。

現代人は、たくさんの情報を受け取れる状態にあるので「自分はなんでも知っている」「たくさんの知識がある」と思いがちです。

しかし、知識を「知性」に昇華させるには、「考え、判断し、実行する力」をつけることが必要不可欠なのです。

「知」を磨くための詳細については、1章で述べます。

「情」をどう磨くか――安定したマインドをつくる

「感情」というものは、とても扱いづらいものです。目に見えるものではないし、言葉で説明しつくせるものではないからです。

しかし、それは確実にあって、私たちに影響を与え、私たちを動かしています。

あなたの人生のなかで、「感動したこと」を思い出してみてください。

本を読んで感動した。映画を観て感動した。人の話を聴いて感動した。スポーツの大会で優勝して感動した。第一志望の入学試験に合格して感動した。仕事で大きな成果を上げて感動した……。

ポジティブな感動だけではないでしょう。何か失敗してへこんだり、イヤなことをいわれてカッとしたり、悲しい出来事があって涙を流したり……。

心に何かしらの動きがあると、考えや判断、行動にも変化が表れます。ポジティブな心の動きがあれば、考えや判断、行動はポジティブとなり、ネガティブな心の動きがあれば、それらはネガティブとなります。

大きな出来事だけでなく、日々のちょっとした出来事でも感情は揺れ動きますし、体の調子が悪くても感情は乱れます。まったくもって、やっかいなシロモノといえます。

しかし、この感情をうまくコントロールすることができるようになると、仕事の成果が大きく変わります。

- **前向きに物事に取り組む力**
- **冷静に出来事に対処する力**
- **上手に人を動かす力**

などが向上するからです。

これらについて、詳しくは2章でお話しします。

「意」をどう磨くか――「やり抜く力」を育て上げる

何かを達成するには必ず「意志の力」が必要です。何かを学び、身につけるときにも意志の力が必要です。

私たち日本人は協調性を重んじます。協調性を重んじることは大きな武器ではありますが、自分の意志を強く持つことを難しくします。出しゃばらないようにと考え、常に周囲を気にして判断、行動するようになりがちだからです。

たとえば、「自分はこう思うけれど、そんな会社の決定に反対するようなことをいってもしかたないよね。よけいなことをいえば損をするだけだし、黙っていたほうが無難だ」と。

しかし、このようなことに慣れすぎてしまうと、あるいは過度にその傾向が強くなると、その他大勢に埋没し、大きく成長することは望めません。

安田財閥の創業者である安田善次郎の『現代語訳　意志の力』（守屋淳訳／星海社）に、「志がもろく、実行力のない者の共通点」という面白い内容がありましたので、編集、要約して紹介します。

一、困難な事件や事柄に出あうと、あわてふためき、挫折し、イヤになって逃げ出す

二、常にその行動に規律がなく、日々の些細《ささい》な振る舞いですらいい加減で、愉快に元気よく日々の業務に当たることができない

三、決断力に乏しく、すぐに心変わりし、ムダに用心深く、過ぎ去ったことにくよくよする

四、欲望に打ち勝つことができず、流行に弱く、不相応に外見を飾る

五、自分の意志を表明したり、断行したりできない

六、思いきった行動や、自分の判断による積極的な行動に打って出ることがで

きず、常に人に後れを取る

厳しい指摘ですね。さすが、貧しい下級武士の出自で裸一貫から日本一の金融王に成り上がった男の言葉です。

強い意志力が重要であることは昔もいまも変わりありません。

自分は「どうありたいのか」。自分は「どうなりたいのか」。

これを追求していけば、意志の力を発揮することができます。

詳しくは3章でお話しします。

できる人の「知・情・意」のバランス

「知・情・意」を磨き、しかもそのバランスもよくする——。

こういうと何かとてつもなく難しいことのように聞こえますが、そのようなことはありません。

あなたのまわりの、トップクラスの「できる人」をよく見てください。「知・情・意」のいずれもレベルが高くないでしょうか。しかもバランスよく磨かれていないでしょうか？

左ページの図を見てください。

「知・情・意」の三つの円が大きくなればなるほど、そして重なる部分が大きくなればなるほど、バランスよく磨かれた良好な状態といえます。

もちろん、「知・情・意」は、どれか一つが磨かれるだけでも意味がありますが、三つとも磨くほうが、より大きく成長することができ、より大きな成果を出すことができます。

とくに若いビジネスパーソンは、「自分はこれが弱点だから……」などと勝手に決めつけたり、判断したりせず、自分の可能性を大きく広げ、「超」伸びる人になるためにも、「知・情・意」それぞれをバランスよく磨くべきだと考えます。

知・情・意をバランスよく磨く

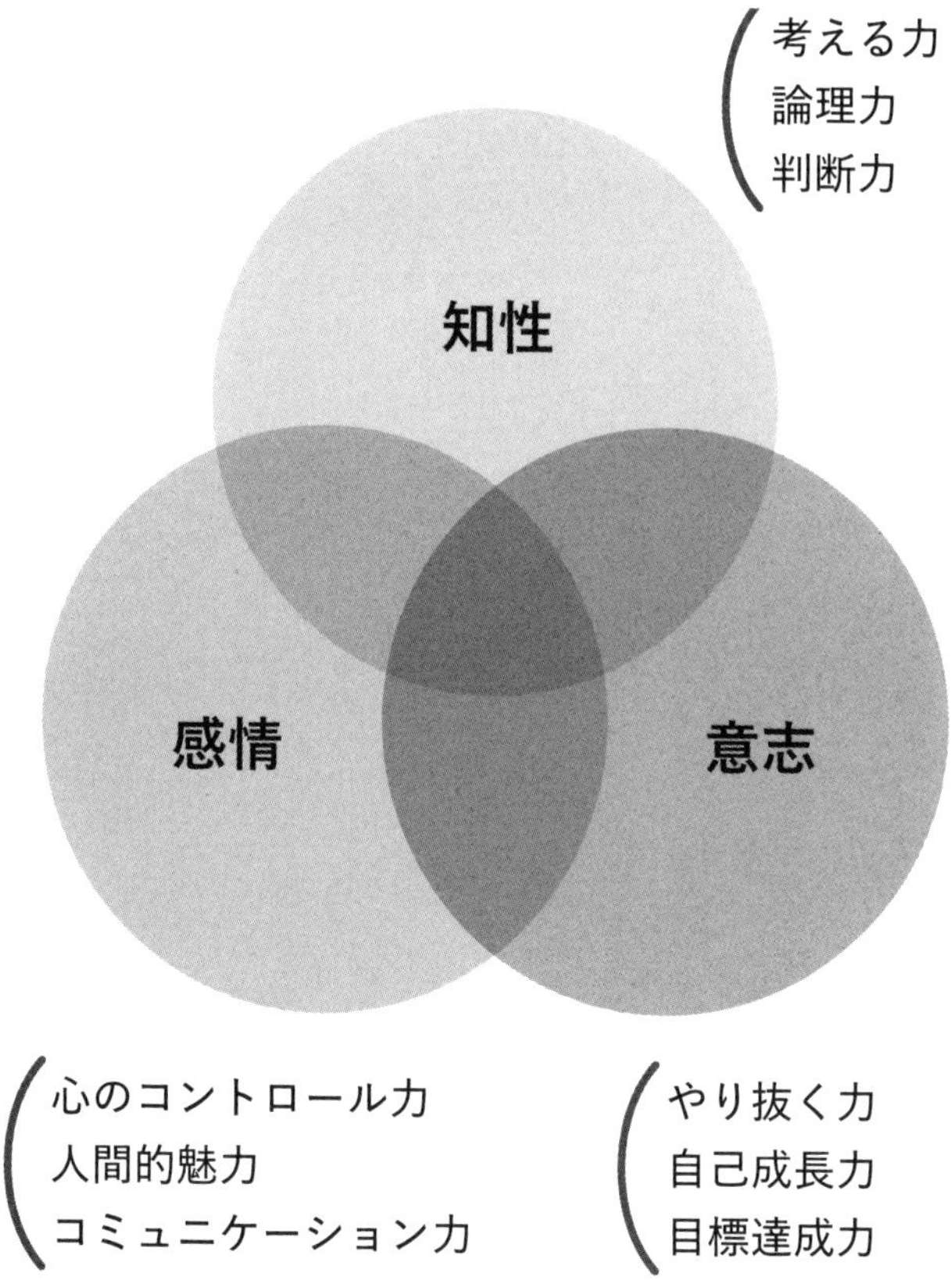

花王・丸田社長の「突破力」の源

花王の社長・会長を務めた丸田芳郎《よしお》さん（花王では、さん付けで呼びました）は、まさに「知・情・意」のレベルが高く、またそのバランスが取れた人物でした。**人の話をよく聴き、学び（知）、冷静かつ情に厚く（情）、しかし仕事にはけっして妥協しない芯の強さの持ち主（意）**――。

その丸田さんのすさまじい仕事ぶりを近くで見ることができたことに、私は感謝しています。お金では買えない貴重な経験でした。

丸田さんは、当時、さまざまな経営者と闘っていました。

いまでも語り草となっているのは、ダイエーの創業者、中内㓛《いさお》氏との大げんかです。

この当時を代表する二人のカリスマ経営者。取引条件が合わず、一歩も引かずにがっぷり四つに組んで闘いました。

丸田さんは戦後、合成洗剤を真っ先に日本に導入しました。あの有名なコンパクト洗剤「アタック」も彼の時代に生まれたものでした。また、化粧品メーカーとしても名乗りを上げて、基礎化粧品「ソフィーナ」を誕生させた功労者です。

丸田さんは大きな体をのっさのっさと動かして、自ら販売現場に出ていってソフィーナのデモンストレーションをやるほど熱心な人でした。

またアイデアマンでもあり、その発想は奇抜でした。

たとえば、花王はフィリピンで洗剤原料となるヤシ油を生成するためのプラントを持っていて、つくったヤシ油を船のタンクに貯留し、日本の工場へ運ぶのですが、この際、日本へ向かう船はヤシ油でいっぱいですが帰りの船は空になります。丸田さんはこの空の状態をもったいないと考えました。

そこで帰りの船を「石鹸工場化」して石鹸を生産してそれをフィリピンで販売できないか、というアイデアを出したりしました。

残念ながら、これは実現に至りませんでしたが、いかにも丸田さんらしい、自由で大胆な発想です。こんなアイデアが次から次へと飛び出してくる人で、その伝説はいまも語り継がれています。

知・情・意の弱点の克服法

35ページの図のように、「知・情・意」は、三つの円が大きくなるほど、そして重なる部分が大きくなるほど、バランスの取れた良好な状態であるといいました。

「自分は、知や意はそこそこだと思うけれど、情のレベルが低いかな」といったときはどうすればいいのでしょうか。

たとえば、

「自分は人の話を聴くのが苦手で、会話をしているとイライラして、感情的になって相手と衝突してしまったりする。当然、いい関係がつくれないし、いい仲間もなかなかできない。どうするべきか……」
という悩みを持つ人がいるとします。
これを解決するためには、次の四つのステップが必要です。

①その苦手意識はどこからきているかを知る
②どうすればそれを克服できるかを考える
③その考えた方法を実践してみる
④その方法の修正・改善を繰り返す

①その苦手意識はどこからきているかを知る
↓人の話を聴くトレーニングの機会が少なかったからではないか
②どうすればそれを克服できるかを考える
↓本を読んだり、研修を受けたりして聴く訓練をする
③その考えた方法を実践してみる

↓自分なりの会話のマニュアルをつくって使ってみる
④その方法の修正・改善を繰り返す
↓会話がうまくいかなかったポイントや理由を挙げてマニュアルをバージョンアップしていく

このようなステップで解決していけるはずです。

知があるだけでは、情があるだけでは、意があるだけでは、大きな成果は望めません。

「得意なことを伸ばしたほうがいい」

そういう考え方もありますが、「超」伸びる人というのは、やはり「知・情・意」の一つひとつがどれも磨かれ、高いレベルで備わっています。

繰り返しますが、とくに若いビジネスパーソンは、自分はこれが得意、自分はこれが苦手、などと勝手に決めつけないことです。

自分の可能性を大きく広げるためにも、「知・情・意」のすべてを磨く努力をすべきです。

一ミリでもいいから日々前進する

さて、人は、成長し続けていくうえで、「スランプ」とうまくつきあっていくことも大切です。

誰しも、ときには壁にぶつかり、苦しい思いをすることがありますが、自分を高め続けられる人は簡単に折れません。

社会心理学者の岡本浩一氏は、『上達の法則』（ＰＨＰ研究所）のなかで、次のようなことを述べています。私なりに要約して紹介します。

技能の上昇は不連続な曲線をとるが、停滞期と上昇期が交互に訪れる形をとる。その停滞期のことを学習心理学で〝プラトー〟と呼び、この時期が所謂《いわゆる》

〝スランプ〟である。

この〝プラトー〟は、技能が一定のレベルまでは達して、次の飛躍をするための準備をしている時期である。

もちろん、その技術がすでに限界点まできていれば、次のあらたな技術を探す必要はあるが、まだまだという認識であれば、次のような対処法がある。

それは、おまじないである。「後退していなければ前進している」という呪文である。

このプラトーは厄介なことに何年間も続くことがあり、その間あせりを感じたり、やる気を失ったりして技量の後退を余儀なくされることがある。このような場合こそ「後退していなければ前進している」とみずからに言い聞かせることがコツである。

私も同じ考えです。

「がんばったね」「すごいね」「よくやったね」と人から褒められることや、自己承認感を求めすぎないことです。

自分で自分をコントロールして、「知・情・意」の一つひとつを磨き、レベルを上げ、コツコツと高みを目指すことこそ最高の成長である。

そう考えるべきです。

常に突出した成果を出し続けなければならないわけではありません。

昨日より今日、今日より明日、一ミリでもいいから成長する――。

そんなマインドで、日々の自分がやるべきこと、やりたいことに取り組む。そうすれば、仕事人生を歩む期間、永遠に成長できます。

あらためていいますが、「知・情・意」を磨くメリットは次のとおりです。

・知――情報や知識を知恵に変えて、仕事の成果につなげることができる
・情――感情をコントロールして、自分も人もうまく動かすことができる
・意――メンタル力を鍛え、物事を最後までやり抜くことができる

自分が持っている能力を最大限に発揮し、結果を出すことができるようになります。そうすれば「自分はできる!」という自信がつき、さらに成長することにつながります。

「知・情・意」を磨く人の成長には天井がないのです。

1章

「知」をどう磨くか？

――成果に直結する「頭の鍛え方」

「知性」とは何か？

この章では、「知・情・意」の「知」についてお話しします。

『日本大百科全書　ニッポニカ』（小学館）には、

「知情意のうちの知の能力が知性で、感情や意志と違って、事柄を概念によって思考したり認識したりする悟性的な能力をさす」

と書かれています。

少し難しい表現ですが、これが知性の意味です。

前章でも述べましたが、現代人は受け取る情報の量が豊富で、物事を「知る」ためには便利な時代に生きています。

しかし、その情報量の多さは、必ずしも物事を「考える」「判断する」ことにつながるわけではなく、パソコンやスマホで情報を検索し、ただ「知る」だけで終わっている、単なる知識で終わっていることも多いでしょう。

本来は、得た情報（知識）をもとに物事を深く考えたり、成果につながる判断・行動をしたりすることが重要で、そうしてはじめて、情報（知識）は「知性」に昇華するのです。

知性は「意識的に」磨く必要がある

私たちビジネスパーソンは、情報を収集し、それを使ってさまざまなことを考え、判断し、成果を出していかなければなりません。

「市場を分析する」

「企画を考える」
「ビジョンを立てる」
「仕組みをつくる」
「実行計画を立てる」
「リスク管理を行なう」
「成果を上げる」

……ビジネスにおいて「知性」が必要な理由は、さまざまな局面で有効な判断を下し、実行していかなければならないからです。

私たちは、キャリアを重ねていくなかで自然と知性が磨かれていくと考えがちです。たしかにそういう側面もありますが、それだけでは十分ではありません。

「意識的に」知性を磨くことが必要なのです。

そして、そのためには、「課題意識」を持つ必要があります。

「課題意識」とは何か。これは、「自分は何をやりたいのか」「自分は何をすべきなのか」「自分はどうありたいのか」などを明確にすることです。

よく「問題意識を持つことが大事だ」といわれますが、「課題意識」と「問題意識」は違います。どこが違うのか。詳しくはあとで述べたいと思います。

「情報リテラシー」の基本中の基本

知性とは、「得た情報をもとに物事を深く考えたり、成果につながる判断をしたりすることだ」と述べました。当然、得る情報は「正しい情報」でなければ、「正しい思考」や「正しい判断」にはつながりません。

正しい情報を得るためにはどうすればいいのでしょうか。

大事なポイントが二つあります。

①自分にとって本当に必要な情報か？

②信頼できる情報源か？

これを見極めることです。

「そんなの、あたりまえ」といわれるかもしれませんが、実際はこの二つのポイントをきちんと押さえていない人が多いのです。

情報は巷《ちまた》にあふれていますが、そのなかで自分にとって必要なものは限られています。

にもかかわらず、「とりあえずたくさんの情報を集めよう」とやみくもに情報収集をしてしまうと、「根拠のない情報」や「偏った情報」ばかりつかまされてしまいます。

「本当に必要な情報か？」

「本当に信頼できる情報か？」

このシンプルな問いを折に触れて自分に投げかけてください。これは、情報リテラシーを身につけるための基本中の基本です。

リサーチの専門家の「情報の集め方」

リサーチの専門家である上野佳恵氏の著書『「過情報」の整理学』（中央公論新社）によれば、情報源の信頼性を考えた場合、次の順番で情報を探していくことが効果的であるとおっしゃっています。

①官公庁資料 ←
②業界団体資料 ←
③シンクタンク資料 ←

④民間調査会社資料
↓
⑤新聞・雑誌

現実的には、また内容によっては、この順番どおりが正解ではないケースもあるかもしれませんが、これを基本に調べれば、信頼性のある、また質の高い情報が得られるというのは、私もそのとおりだと考えます。

非常にアナログ的ですが、あなたの業界や、市場の状況などを調べる場合の参考にもなるでしょう。

より事実に近い情報を得る、信憑性《しんぴょうせい》の高い情報に近づくためには、一つ調べたら終わりではなく、さまざまな情報源から多面的に情報に当たっていくことが必要です。

上野氏によると、リサーチ業界では、二つ、三つ以上の資料を当たって見比べて検証し、ダブルチェック・トリプルチェックを行なうそうです。

相当に厳しいチェックが行なわれているようですが、ここまでこだわるからこそ確度の高い情報が得られるのでしょう。

ネットでの情報収集も大事ですが、上位検索をしても情報の信憑性や正確性などは担保されません。安易に飛びつかないように注意が必要です。

「常識」をフル活用せよ

また、ネットには、嘘の情報、偽の情報が「洪水」のようにあふれかえっています。フェイクニュースにフェイク動画、メールやＳＮＳのメッセージに送られてくる大量のフィッシング広告……。

この危ない目に遭遇する機会がいっぱいの世界で、重要なことがあります。それは、

「常識をフル活用する」

ということです。

世の中に、うまい儲け話などありません。そんなのは常識ですし、みなわかっているはずなのに、だまされるのです。

それは、なぜか。

「欲を出す」からです。

このことに尽きるのです。

本当にうまい儲け話があれば、人に教えるはずがありません。こっそり自分で実行しているはずです。

それが〝常識〟なのに欲を出すから目がくもり、簡単にだまされてしまうのです。

たしかに、昨今のフィッシング詐欺などは、手口がどんどん巧妙になっています。被害があとを絶ちません。いまとなっては情報元を、元から断つのは難しい状況です。

であれば、われわれは「常識」をフル活用して、自分自身で自分を守らなければなりません。

たとえば、お金のことでいえば、「うまい話には裏がある」ということわざがあります。これは、昔からいいならわされている不変の「真理」であり、こういった「常識」を盾に自分を守るのです。そのことを肝に銘じて、この危険な情報洪水の社会を賢く、上手に泳いでいきましょう。

「実践型」読書のすすめ

本から情報を集めることも有効です。趣味や娯楽のためなら楽しんで読めばいいだけなのですが、仕事に活かす情報収集、スキルの習得のための読書の場合には工夫が必要で、五つのポイントがあります。

①解決すべきテーマを探す
②必要な本を探す
③情報を把握する
④内容を理解する
⑤ノートやパワーポイントなどに要点をまとめる

①解決すべきテーマを探す

自分にとっての課題を探すわけですが、私は以前、法政大学で「元気で明るい社会を実現する、課題解決のヒント」というテーマで講演を依頼されました。

講演のネタをいろいろ探していると、ＯＥＣＤ（経済協力開発機構）が調べた、主要国の平均賃金の推移についての資料を見つけました。日本だけ三〇年間も賃金が上がっていません。

「なぜ日本だけ給料が上がらないのか？」と疑問に思いました。そして、これについて調べることにしました。

②必要な本を探す

調べ物をするときの私のおすすめは「新書」です。新書はワンテーマを専門家が掘り下げ、かつわかりやすく解説してくれているものが多いからです。

私はまず、なるべく刊行されたのが新しい本を読みます。その後、少し古い本を読みます。最低三冊ほどの本を読み比べていくと、情報の量も質も十分になる感じです（テーマにもよりますが）。

「なぜ日本だけ給料が上がらないのか」を調べるとき、私は、

『どうすれば日本人の賃金は上がるのか』（野口悠紀雄／日経プレミアシリーズ）

『自分の頭で考える日本の論点』（出口治明／幻冬舎新書）

『給料の上げ方』（デービッド・アトキンソン／東洋経済新報社）

という三冊を読みました（『給料の上げ方』は単行本になります）。

③情報を把握する

読書から情報収集するときには、読み方にコツがあります。

・現状はどうなっているのか？
・どんな背景があるのか？
・自分の仕事との関わりについては？
・自分の意見をまとめると？

こういった要素を考えながら読んでいくと学びが深まります。

ちなみに、「なぜ日本だけ給料が上がらないのか」というテーマの読書では、こんな具合です。

・現状はどうなっているのか？
↓ＯＥＣＤ調べの主要国の平均賃金の推移を見ると、ランキング一位の米国の半分強。韓国にも抜かれた。真面目に働いている割に、賃金が上がらない日本。デフレの状況も長く続いて、正規社員を採用せず非正規が増え続けやがて四割に達した。その結果、実収入は一九九五年から九八年をピークに減り続け消費支出も減り続けた。

・どんな背景があるのか？
↓一九八九年バブルの崩壊以降、企業の設備・資金を含めた投資に関して、異常すぎる警戒感が尾を引いている。そして日本の制度（マーケット、政治）を変える力が機能していない。

・自分の仕事との関わりについては？
↓日本において賃金が決まるメカニズムを正しく把握し、クライアントにわかりやすく説明できるくらいに理解を深める。

・自分の意見をまとめると？
↓企業の付加価値を高めることが一番の特効薬。そのためには、国や企業が税制の問題や年功序列制度を見直し、女性労働力の活用、組織間の労働力の流動化促進などの解決策を考え、実行すること。そして何より、労働者側も経営者側と賃金交渉するための行動を起こすことが必要。

④内容を理解する

まずは、深くあれこれ考えず、重要そうな文に、アンダーラインを引きながら全体を一回、通読します。

二回目は、アンダーラインを引いた文章の周辺を中心に読みます。これで本の内容はだいたい頭に入ります。

ちなみに、「なぜ日本だけ給料が上がらないのか」というテーマで、先に挙げた『どうすれば日本人の賃金は上がるのか』を読んだときは、こんなところにアンダーラインを引いています。

・日本で賃金が上がらないと考えられる第1の理由は、労働需給が逼迫しているとは考えられないことだ。
・賃金が上がらない第2の理由は、企業の従業員一人あたり付加価値が増加していないことだ。
・円安が企業利益を増大させるのは、輸入価格の上昇を製品価格に上乗せして消費者に転嫁し、かつ、売上が増大しても賃金を増やさないからだ。「円安が国益」という誤った考えから脱却する必要がある。

⑤ノートやパワーポイントなどに情報をまとめる

そのなかから自分にとって重要な部分を書き出します。

そして、今度は自分の言葉で、要約します。私は、各章の内容を要約して二〇〇字ほどにまとめています。要約すると、非常に理解が深まります。

たとえば、『どうすれば日本人の賃金は上がるのか』の6章の内容について、私はこんなふうにまとめています。

「日本の賃金が上がらないのは、労働需給が逼迫していないのと、企業業績が悪いからだ。ウクライナ情勢の悪化で資源価格が高騰《こうとう》。さらに円安で、輸入価格の上昇を価格に上乗せ、消費者に転嫁するのに、売上が増大してもデフレマインドが根強く賃金をなかなか増やさない。そして、日銀は円安を是としているが、金融緩和政策から脱却し、円の価値を守ることが緊急の課題。一刻も早く円安政策から脱却すべきである」

「動画」で学ぶメリット

最近では、動画での学びが身近になりました。パソコンやスマホでいつでもどこでも視聴が可能です。

いままでは本でしか触れられなかった著者の方々も、最近ではＹｏｕＴｕｂｅ

チャンネルを開設していて、動画で触れることができます。情報収集や、スキルアップにこれを活用しない手はありません。

動画は、相手の顔が見えるので安心感があります。また、自分のペースで学べます。何度でも視聴できるので理解が深まります。価格も自分で選べるので、損することもあまりありません。また、セミナーや勉強会、講演の会場へ移動する時間が必要ないのは大きなメリットです。

ただ、動画で学ぶにはいくつかのポイントがあります。

①誰に学ぶか

まずは、誰に学ぶかが重要です。いまは誰もが「先生」になれる時代です。さまざまなテーマについて、たくさんの先生が各々情報発信しており、膨大な数のコンテンツがあるので、学ぶ側は迷ってしまいます。そこで、誰に学ぶかが重要になってきます。

私が目安としているのは、「その業界で一〇年以上活躍している人」です。そして、社会的な信用がある人がいいでしょう。また、その人を応援している人が多いと、より信頼できる人物だと判断します。

②一人からとことん学ぶ

動画サイトはたくさんあって目移りしてしまいがちですが、一度、この人から学ぶと決めたら一定期間はその人だけから徹底的に学ぶことをおすすめします。先生をころころ変えると、情報収集や技術習得に一貫性がなくなり、中途半端になってしまいます。

③にわか専門家に注意する

誰もが動画を作成し、発信できる時代です。知識がなくても、再生数稼ぎで、あたかも専門家のようなふりをして話す人がいます。プロフィールをよく見て、本当に専門性があるのかをチェックしてみてください。

極端なことばかりいっていないか?

ネガティブなことばかりいっていないか？
きちんとエビデンスを挙げているか？
といったポイントをチェックしましょう。ネットで「名前検索」するのもいいでしょう。

以上の点を注意すれば、あとはそれほど心配ないのではないかと思います。大いに動画を使いこなしてください。動画なら、わからないところは何度でも再生して見ることができます。

動画から学ぶメリットは、なんといっても時間をコントロールできることです。会場に足を運ぶ時間がゼロです。無料の動画教材から、高額な動画教材まで幅があるので、費用との兼ね合いも考えながら活用してみてください。

自分のペースで勉強をしたい方にはぜひ動画活用をおすすめします。いろいろ調べて自分に合った価値ある動画を視聴して、良質な情報収集、スキルアップを目指してください。

「場をつくる力」をつける

情報収集というと、まず「ネット検索」と考えがちですが、誰でも同じように入手できるネット情報に希少価値はありません。

希少価値のある情報はやはり「人」が握っています。

最近は、人とコミュニケーションを取ることが苦手な若い人も増えていますが、その壁を乗り越えなければなりません。そのためには、

「〝場〟をつくる力を磨く」

ということが大切です。

できれば直接人と会う場をつくるのが理想ですが、オンラインのコミュニティ

でもいいでしょう。**積極的に人と接する場をつくることが、情報収集力や、コミュニケーション力、プレゼン力など、知性的な仕事をするためのさまざまな力を磨いてくれます。**

もっと「仲間」をつくりましょう。

場所や、年代や、業種などを超えて人とつながると話題が豊富になり、情報量も飛躍的に増えます。成功のチャンスも引き寄せます。

まずは趣味のコミュニティでもいいでしょう。できれば集まりには毎回まめに出席し、「顔なじみ」をたくさんつくることです。そしてたくさんの話を聞かせてもらうことです。

もちろん、聞かせてもらうばかりではいけません。あなたも相手に役立ちそうだなと思った情報があったら迷うことなく、隠すことなく、惜しみなく与えるべきです。

ギブせずに、テイクばかりしようという姿勢は必ず見透かされます。それでは人から好かれず、信用もされません。

「与える人」にこそ人、情報、チャンスが集まってくるのです。

情報は「漏れなく、ダブりなく」整理する

ロジカルシンキングは、ビジネスパーソンに必須のスキルです。

私は、「課題解決の技法」を専門とするコンサルタントですが、その技法のベースには論理的思考があります。情報を整理するときも、ロジカルに行なうクセをつけてください。

そのためにも、「MECE」だけはぜひ知っておいてください。

MECEとは、Mutually Exclusive and Collectively Exhaustive の頭文字を取ったもので、「ミーシー」や「ミッシー」と読みます。直訳すると、「互いに重複せず、全体として漏れがない」となりますが、もっと簡潔にいうと、

「漏れなく、ダブりなく」

ということです。

本書はロジカルシンキングを解説するものではないので、ＭＥＣＥの詳細な解説は割愛しますが、とにかくビジネスにおける情報の収集、整理には「漏れなく、ダブりなく」こそがもっとも重要であると心得てください。

- **情報に漏れはないか？**
- **情報にダブりはないか？**

このシンプルな自問自答をするだけで、情報の収集力、整理力は格段に上がります。

知性の「敵」とは？

ビジネスで成功するためには、多くの情報のなかから正しいと思われるものを選び出し、判断を誤らない力（知性）を磨くことが必要不可欠です。

しかし、私たちはしばしば、正しくない情報を得てしまい、正しくない判断をしてしまうものです。

その原因は、「アンコンシャス・バイアス」によるもので、これは自分自身が気づいていない、偏ったものの見方やゆがんだ認知のことを指します。

「女性は感情的になりやすい」
「最近の若者は根性がない」
「おじさんはパソコンが苦手」

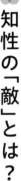

「組織のリーダーは男性が向いている」

「自分は学歴がないから出世できない」

「B型の人間はわがままだ」


……こういった「アンコンシャス・バイアス」は、知性の「敵」です。

「アンコンシャス・バイアス」の多くは、過去の経験や知識、環境によってつくられるものですから、多かれ少なかれ誰にでもあります。

だからこそ、自分のなかに間違った「思い込み」や「偏見」や「決めつけ」がないかを折に触れて自問することが重要です。

「これって、アンコンシャス・バイアスじゃないだろうか？」

と。

人間というのは「思い込み」や「偏見」や「決めつけ」だらけであり、これは知性を磨くときの「敵」なのだ――。このことを自覚し、意識してそれを外していくしかありません。

できる人の「アウトプット」の心得

知性を使って仕事をするには、得た情報をもとに自分の思考を深め、そこからさまざまなアウトプット（判断、実行）に活かすことが必要です。

そのためにも、情報を得るときに、

・アイデアを出すために使うのか
・コミュニケーションの材料にするために使うのか
・マーケティングのために使うのか
・情報発信のために使うのか

といったことを明確にしておく必要があります。

それから、情報は客観的に見る習慣をつけなければなりません。

客観的に情報を見るためのカギは、「数字」です。


「その情報は、きちんと定量的な裏づけがあるか」


ということをチェックするクセをつけてください。

「定量的」とは、物事の状況や変化などを「数字」に直して分析するさまを意味します。

「それってあなたの感想ですよね？」という言葉が流行しましたが、まさに、そうツッコミを入れながら情報を客観的に見ることです。

ちなみに「定性的」とは、定量的と対照的な意味で、物事の状況や変化などを数値化できない部分に着目して見ることです。

また、

「ミクロ、マクロ、どちらの情報を使うのか」

ということを把握しておくことも大事です。

たとえば、個人の仕事はより具体的で身近なミクロ情報に着目したほうがいいでしょうし、会社全体や業界全体のことであれば抽象的なマクロ情報に着目したほうがいいでしょう。

仕事ができる人は、このあたりの情報の使い分けがとても巧みです。

「即断即決力」を磨く

さて、知性を使って仕事をするには、自分の頭でしっかり考え、正しい判断を下さなければならないといいました。

もちろん「拙速」なのはよくありませんが、しかし、ちょっとしたことをいつまでもあれこれと調べて、ぐだぐだと考え、ぐずぐずと判断を先延ばしするのは「知性的な仕事」とはいえません。「あいつはグズだ」と評価を下げてしまうでしょう。

・簡単な結論を出すにも時間がやたらとかかる
・判断に迷っていつまでも行動に移さない
・周囲の言葉に惑わされて言動をころころ変える

これでは、仕事からスピードやリズムが失われていきますし、周囲からの信頼も得られません。

・判断する時間を区切る

・ひとまず動く
・動きながら考える

ということが大事ですが、グズな人は、性格的なものもありますが、それが「クセ」のようになっているので、**「意識的に即断即決する訓練をする」**必要があると考えます。

まずは、ストレスの少ない、リスクの低い、日々の生活のなかで即断即決の訓練をしてみてください。

たとえば、**着る服の選択、お店の選択、メニューの選択……迷っても一分。できるだけスピーディーに決める**ようにしてみてください。

そんなこと？

そう思うかもしれませんが、グズは「クセ」なので、それを改善するためには、むしろこのような簡単な方法が適していると思います。続けていれば、即断即決が「クセ」となり、それは仕事にも必ず波及していくはずです。

「マクロ視点」があなたを飛躍させる

とくに若いビジネスパーソンには、長期的かつマクロな視点を持つことが苦手な人は多いです。

まだ経験が浅いので、しかたのない面もありますが、しかし、逆にいうと、長期的かつマクロな視点を身につけられたら、その他大勢から抜け出すためのチャンスを手に入れることができる、といえます。

あなたは、自分個人の仕事のことや自分が所属する部署のことはよく知っているかもしれません。

では、「会社全体」のことはどうでしょうか？　**自分の会社がいまどんな問題を抱えているのか、今後、どんな経営方針で、どんな戦略を掲げ、動いているのか、把握しているでしょうか？**

もっとマクロな視点、「業界全体」のことはどうでしょうか？　**自分の業界全体が抱えている問題や、市場の動向、今後の見通しなどは把握しているでしょうか？**

「自分はまだ若手だし、そんなの関係ないから」などといわずに勉強しなければなりません。長期的かつマクロ的な視点を磨く訓練は「知・情・意」のレベルを向上させるきっかけになりますし、のちに必ず活きるときがきます。

私の知の集結「課題解決メソッド」

ここからは、私が「課題解決コンサルタント」としての知性を集結させた、

「課題解決メソッド」

を紹介します。

この「課題解決メソッド」は、花王に勤めていたとき、私のチームが開発し、その後、私がコンサルタントになってから独自の改良を重ねてきたものです。

このメソッドは、自分が「やるべきではないこと」を捨てて、「やるべきこと」を明確にし、成果を出すための仕事の「戦略的」取捨選択の技法です。

もっと簡潔にいうと、

「仕事をより少なく、しかしより良くする方法」

で、仕事の成果を出しやすくするものです。また、仕事を面白くするためにも役立ちます。

内容は、二〇一六年に刊行した拙著『最高のリーダーは、チームの仕事をシンプルにする』（三笠書房）で紹介したものを土台に、アレンジを加えたものです。

大部分は重複しますが、知性を磨く、知性的な仕事をする、という本章のテーマにおいて、この「課題解決メソッド」を解説することは欠かすことができないので、あらためて紹介しましょう。

この「七つのステップ」であらゆる課題が解決する

「課題解決メソッド」は、次の七つのステップから成ります。

①自分（チーム）の課題を挙げる
②その課題の障害となる事象を挙げる
③事象を整理する
④真のテーマと最優先で取り組むことを設定する
⑤「ＷＨＹ」を五回繰り返す
⑥解決策を考える

⑦具体的なアクションプランを決める

それぞれのステップについて、具体的に解説していきましょう。

ステップ①自分（チーム）の課題を挙げる

課題を解決するには、当然、まず自分の「課題」を明確にする必要があります。

ここで気をつけなければならないのは、会社の「問題」と自分の「課題」を混同しない、ということです。

たとえば、あなたの「会社の売上が下がっている」という事態が起こっているとして、この会社の売上が下がっているというのは、あなたにとっての「問題」でもありますが、あなた「だけ」の問題ではありません。会社全体や各部門の問題でもあります。

一方、「課題」とは、その問題を解決するために、「会社」ではなく「自分」がやるべきことです。つまり、自分個人にとって特定化された解決すべきこと――それが「課題」です。

たとえば、あなたが、営業部のリーダーに抜擢されたとしましょう。

あなたがやるべき仕事は、会社の戦略のなかで、自分の営業チームが担えることを考え、実行することです。

自分のチームが担えないことは捨てる。

別のチームに任せる。

そうすることで、はじめてリーダーは自分の課題を明確にできます。

では、会社の問題を自分の課題に落とし込んだ結果、たとえばそれが、

「顧客との関係を強化し、その情報をチーム内で共有し、売上を倍増させる」

ということになったとします。

それをどうクリアするかを考えるために、次のステップへと移ります。

ステップ②その課題の障害となる事象を挙げる

次に、「顧客との関係を強化し、その情報をチーム内で共有し、売上を倍増させる」という課題の障害となる事象を挙げます。

この事象とは、「客観的な事実と現象」のことです。

たとえば、

・メンバーのA君は、テレアポで成果を出せていない
・メンバーのB君は、チーム内でコミュニケーションをうまく取れていない
・メンバーのC君は、報告・連絡をマメにできていない
・メンバーのD君は、まだ新人で、商品に関する知識が足りていない
・メンバーのE君は、お客様へのアフターフォローが弱い

……などです。

ここで大事なのは、事象を「客観的に」挙げていくこと。客観的なデータ以外は拾わない。それが重要です。

できないリーダーは客観的になれずに思い込みで事象を挙げてしまうものです。そういった、ロジカルではない事象を挙げてしまうと、本当にやるべきことが発見できません。

たとえば、右の事例でいえば、できないリーダーが事象を挙げると、次のようになります。

・メンバーのA君は、テレアポで成果を出せていない
↓A君はテレアポを避けて仕事をサボっている
・メンバーのB君は、チーム内でコミュニケーションをうまく取れていない
↓B君はコミュニケーションを取る努力をおろそかにしている

こういった「思い込み」を先行させて事象を挙げてしまうと、真のやるべきことを発見できません。

A君はテレアポの件数自体はこなしているけれど結果が出ていないのかもしれませんし、B君はリーダーの見ていないところではメンバーときちんとコミュニケーションを取っているかもしれないのです。思い込みで事象を挙げてしまうと、「個人を攻撃する」ことに目が向いてしまいます。それは避けなければなりません。

「これは自分の思い込みではないか？」
「自分の感情だけで判断していないか？」

こう自問しながら、客観的なものだけを慎重に挙げていくこと。そうすることで、根本的な課題解決への道が開けるのです。

ステップ③事象を整理する

事象を出しきったら、似ている事象をまとめて「グルーピング」をします。事象をすべて挙げて、それからグルーピングすることを、ロジカルシンキングでは「拡散と収束」といいます。

まず、「拡散」と「収束」は、同時に行なってはいけません。「事象を挙げる」ことにブレーキがかかってしまうからです。

まず、「拡散」で考えつく限りの事象を出しきってから、「収束」であるグルーピングを行ないましょう。この順番を守ることが大切です。

たとえば、先ほどの、

・B君は、チーム内でコミュニケーションをうまく取れていない
・C君は、報告・連絡をマメにできていない

というのは、

「チーム内の意思疎通が円滑でない」

という事象として、グルーピングすることができます。

ここでも大事なのが、やはり、客観的にグルーピングを行なうことです。客観的にグルーピングを行なうためには、「思い込み」や単なる「希望」を捨て、そのうえでグルーピングを行なうことです。

「思い込み」や単なる「希望」でグルーピングをすれば、「事実」に反することを行なうことになります。

グルーピングをしたら、次に、「顧客との関係を強化し、その情報をチーム内で共有し、売上を倍増させる」ための課題解決を阻《はば》むであろう直接的な原因と考えられる事象にチェックを入れます。そして、一番チェックを入れた事象の数が多いグループを確認します。

ステップ④真のテーマと最優先で取り組むことを設定する

一番チェックを入れた事象の数が多かったグループが「チーム内の意思疎通が円滑でない」であった場合、それが「真のテーマ」です。

さらに、「真のテーマ」のなかから最優先で取り組む事象を探します。それが、

「チームメンバーのB君は、チーム内でコミュニケーションをうまく取れていない」

だったら、その原因を見つけることが、最優先で取り組むべきことです。

ステップ⑤「WHY」を五回繰り返す

次に、その最優先で取り組むことに対して、「WHY」を最低五回、繰り返します。

なぜ、なぜ、なぜ……と繰り返し、なぜ、「チームメンバーのB君は、チーム内でコミュニケーションをうまく取れていない」のか、その原因を深掘りしていくのです。たとえば、次のような段階を踏んでいきます。

【一回目のWHYの答え】B君は仕事量が多く、いつも忙殺されているから
【二回目のWHYの答え】B君だけでなく全員がオーバーワーク気味だから
【三回目のWHYの答え】やらなくていいことにみんな時間を取られているから
【四回目のWHYの答え】事務的な作業が多すぎるから
【五回目のWHYの答え】とくに経理関係の書類仕事が多すぎるから

……と、意外なところに、その原因があることが、浮かび上がりました。

この「WHY」を繰り返すことによるメリットは、「主観」を捨てられること。

物事の本質を見極められることです。

ステップ⑥解決策を考える

五回の「WHY」を繰り返し、最後に出てきたのは、これです。

「経理関係の書類仕事が多すぎるから」

これこそが、「顧客との関係を強化し、その情報をチーム内で共有し、売上を倍増させる」という課題をクリアするためにまず解決すべきことです。

ステップ⑥では、その解決策を三つ、考え出してください。

たとえば、

「提出する書類の数を減らす方法を考える」

「ペーパーレスの仕組みを考える」
「他部署と連携して、ペーパーレスの実行を経理に働きかける」

といったことが思い浮かぶのではないでしょうか。

ステップ⑦具体的なアクションプランを決める

解決策が出来上がったからといって、安心してはいけません。これだけでは、具体的な行動に移すことができないからです。

そこで、挙げた三つの解決策から「アクションプラン」を作成します。「アクションプラン」をつくるポイントは、解決策に「期限」をつけることと、実行しやすいシンプルな形にすることです。たとえば、

「他部署と連携を取り、二カ月以内に、経理に提出する書類の数を減らす方法や

ペーパーレスの仕組みを合同で提案する」

という具合です。

とにかく、アクションプランは「行動」や「連携」が伴うものにすることが大事です。

売上アップのためならば、「自社商品を何度も購入してくれているリピーターに集中して営業活動をする」と考えたとします。

その場合、うまく成果を上げるためにはどうすればいいのか、具体的な行動に結びつく「アクションプラン」を考えます。

たとえば、「商品を購入してもらうために、価格を一〇%下げて、接触回数をいままでの一・五倍にして販売する」というプランを考え、部下に役割を与え実行させます。

「アクションプラン」をより明確に、具体的にする――これを徹底することで、さらに一段高いステージに立つことができます。

「課題解決」のための7つのステップ

①自分（チーム）の課題を挙げる

②その課題の障害となる事象を挙げる

③事象を整理する

④真のテーマと最優先で取り組むことを設定する

⑤「WHY」を5回繰り返す

⑥解決策を考える

⑦具体的なアクションプランを決める

より客観的に、より合理的に「やるべきこと」を見極める

◇

この「課題解決の技法」ですが、七つのステップを、しっかりと踏んでください。大原則は、一つひとつのステップを順に踏んでいくことなのです。省いていいものはありません。

また、課題解決のステップを踏むときは、「場所」を工夫してみてください。会議室にこもってもいいですし、カフェでゆっくりと、じっくりと考えるのもいいでしょう。私は、休日に自宅で考えるようにしていました。とにかく、リラックスして考えられる状況をつくり出すことが非常に大切なのです。そうでないと、どうしても主観や感情を捨てることができず、客観的に、第三者的に考えることが難しいからです。

この「課題解決の技法」が身につけば、ビジネスパーソンとしての仕事は間違いなくレベルアップします。ロジカルに物事を考え、判断する「知性」をより一層磨くことができるでしょう。

「課題意識」で仕事が変わる

よく、「できるビジネスパーソンになるためには問題意識を持つことが大切だ」などといわれますが、それは問題意識がなければ仕事を改善、改革することができないからです。

しかし、私は、**「問題意識」からさらに進んで、「課題意識」を持つことが大切**だと考えます。

「問題」とは、あるべき姿と現状の差が出現したときに起こるもの。言い換えると、目標と現実の間にギャップが生まれているときに起こるものです。

一方、「課題」とは、その問題に対して「自分が何をしなければならないのか?」「自分はどう解決しなければならないのか?」ということを特定化することです。

先に挙げた「課題解決の技法」を使って、**会社の「問題」を自分事に落とし込むことで「課題」に変えて、その解決を図る**——このような意識を持つことが、できる人になるには必要不可欠です。

ただ「頑張る！」「結果を出す！」という精神論、根性論では、結果は出ないのです。

若いビジネスパーソンに絶対勉強してほしいこと

私は「課題解決コンサルタント」として、若いビジネスパーソンの指導、教育に関わることも多いのですが、いつも若いビジネスパーソンに「これだけは必ず勉強してほしい」と伝えている五つのことがあります。

①ＩＴ技術

いま、あらゆるものがＩＴ技術と連動しています。これを避けたり、後れを取ったりするわけにはいきません。積極的に使いこなし、限りなく仕事を効率化させていきましょう。

最近の若い人には、スマホばかりでパソコンが使えない人が増えているようですが、ビジネスパーソンになったらパソコンが使えないなど話になりません。ワード、エクセル、パワーポイントといった基本ソフトが使えるのは当然ですが、これからはＡＩ技術も使いこなしていかなければならないでしょう。

②対人交渉スキル

対人交渉をないがしろする人、苦手とする人は多いものです。

しかし、ビジネスにおいて、対人交渉スキルは重要で、実務力よりも成果につながるものです。

とにかくコミュニケーション術を学び、人間心理を研究し、交渉の場数を踏むことです。交渉上手というのはどんな会社、職場にもいるものです。できればそういう人に付き添い、交渉の現場に身を置き、人間心理を学んでください。そして「人を動かす力」を身につけてください。

③ビジネス展開力

仕事には「キモ」というものがあります。

それは何かをつかむことです。

たとえば、あなたが営業マンだとして、取引先の決定権は部長にあるのに、話がいつも課長レベルで終わり、その後の展開ができていないのだとしたら、成果はいつまでたっても出せないでしょう。「キモ」がわかっていないからです。

この場合は、部長にいかにアプローチするか、誰に協力を仰げばいいのかを考え、実行することです。

この仕事の「キモ」はどこにあるのか？　それを考え抜くことで、ビジネスの展開力は高まります。

④業界特有の知識

業界特有の知識は、その業界に入らなければわからないことが多いものです。若手のときは、なかなかわからず、話についていけないことも多いでしょう。

上司や先輩、ときには同僚から教えてもらいながら情報や知識を仕入れていくしかありませんが、自分の業界の「業界紙」があれば、積極的に目を通すことをおすすめします。自分の業界のことをわかっているつもりになって業界紙の類を読まない人も多いですが、じつは知らないことや、仕事のヒントになるネタが見つかることも多いのです。

⑤時間管理術

最近は、「タイパ」が大事、などといわれ、時間を合理的に使いたい人は多いようです。

タイパとは、タイムパフォーマンスの略で、かけた時間に対していかに相応の成果を手に入れるか、ということです。

脳の仕組みを考えると、仕事にはふさわしい「時間割」があるようです。

午前中は、新しい仕事、チャレンジングな仕事、創造的な仕事など。

午後は、書類作成やルーティン作業、ミーティングなど。

自分の仕事をぴったりこれに当てはめられることはないかもしれませんが、仕事の生産性、効率性を意識し、自分なりの時間術を構築しましょう。時間を制するものは仕事を制するのです。また、中・長期のスケジュールを考えることも大事です。とにかく仕事ができる人はみな時間にシビアです。

「タイムマネジメント」の鉄則

私は「課題解決コンサルタント」ですが、「タイムマネジメント」の研修を依頼されることもあります。

現場で若手社員の人々の話を聞くと、やはり多くの人が「時間が足りない」と悩んでいました。時間を有効に使えない原因は、サボっているからではありません。みな頑張って仕事をしています。

原因は、自分で時間をコントロールするコツを知らないからです。

時間が足りない人の特徴は、

・何をするのか、何をしているのかが「あいまいな時間」が多い
・タイムマネジメントを「TO DOリスト」をただつくることだと思っている
・仕事の「タイミングの重要性」を意識していない

ということがあります。

タイムマネジメントが下手な人は、仕事の時間中、何をするのか、何をしているのかが「あいまいな時間」が非常に多い。こういう人に限って、「TO DOリスト」をつくっていないのです。大事なのは「**朝一番に手をつける仕事**」。スタ

ートダッシュが肝心です。ここで後れを取ると、その日中にリカバーできなくなり、そうやって効率性、生産性が下がっていくのです。

「朝一番に手をつける仕事」は、「前日に決める」というルールを徹底してください。

また、「TO DOリスト」には、「やること」だけを書いている人が多いでしょう。しかし、**そのタスクを「何時までに」「どこまで」完了させるのか**ということまで書き込まなければ効率性、生産性は上がりません。締め切り時間を決めて、それまでに何がなんでも終える――。

この繰り返しで、仕事の「完遂力」が高まっていくのです。

また、仕事というのは「タイミング」が重要です。

たとえば、営業マンであれば、何か自分に不手際があって、お客様からクレームが入ったとき。クレーム対応は、タイミングがすべてです。いうまでもなく

「すぐに」謝罪し、対応しなければなりません。言い訳を考えたり、あるいは隠ぺいする方法を考えたりするなど言語道断です。

いま何をするのがベストなのか――この意識を強く持つことにより、正しい優先順位をつける力や段取り力、ひいてはタイムマネジメント力が向上します。

◇

この章では、「知・情・意」の「知」をいかに磨くか、ということについてお話ししてきました。

序章でもお話ししたとおり、日本の小中学生の「知」は世界でもトップクラスなのに、高校、大学と進むにつれて、世界に後れを取るようになります。

これは、日本人が小学生で習う「読み書きそろばん」では世界レベルでも、真の学びである「自分で考える」「自分をコントロールする」「自分を成長・成功に導く」ことは苦手ということです。

そこで必要なのが「情」と「意」です。
「超」伸びる人になるために、2章以降を読み進めていただければと思います。

2章

「情」をどう磨くか？

――できる人の「マインド」はここが違う

なぜ、「感情」のコントロールが重要か

ここから、「知・情・意」の「情」について述べていきます。

「情」を磨く――つまり「**感情**」**を安定させることは、仕事ができる人になるための必須条件**です。

なぜなら、どんな状況でも冷静に、前向きに仕事に取り組むことができる人は目標達成力に優れ、成果も評価も得るからです。

また、「**感情**」**を安定させることは、人間的魅力を磨くための必須条件**でもあります。

なぜなら、どんな状況でも穏やかに、前向きに人と接することができる人はコミュニケーション力に優れ、好感も信頼も得るからです。

この章では、とくに若いビジネスパーソンに知っておいてほしい、

「感情のコントロール法」


についてお話ししていきたいと思います。

ただ「感情」というのはとても扱いづらいもの、コントロールしづらいものです。なぜなら、感情というのは、人間にとって原始の時代から備わっている生存に関する本能そのものだからです。

たとえば、敵に会えば「怖い！」という恐怖の感情が湧き上がり、「早く逃げろ！」という指令が脳に送られます。それを止めることはできません。

すべては「気づく」ことから

右のように、「私たちは、湧き上がってくる感情を意識的に止めることはできない」ということを、はっきりと自覚する必要があります。

これが感情マネジメントの出発点です。

湧き上がってくる感情を意識的に止めることはできませんが、しかし、その感情に振り回されないようにすることはできます。

そのカギとなるのは**「気づき」**です。

・私はいま怒っているんだ
・私はいま悲しんでいるんだ
・私はいま嫉妬しているんだ
・私はいま悔しいんだ

といったことを、時折立ち止まって「気づく」ことができるかどうか。

それがもっとも大事です。

そうしないと、生まれては消え、消えては生まれを繰り返すさまざまな感情にただただ翻弄《ほんろう》され続けることになります。

もちろん、感情が湧き上がるたびに、いちいちそれを確認することは現実的ではありませんが、何か大きく感情が揺れ動いたときや、お昼の休憩時間、帰りの電車の中、夜寝る前などに、確認する時間を取ってもらいたいのです。

「あのとき、自分はどんな気持ちだったのだろう？」

と。

それが感情コントロール力を高めていくための糸口となるのです。

「オーウェル思考」のすすめ

完璧主義者は、「怒り」の感情が湧きやすいといわれています。

たしかに、私のこれまでの経験でも、完璧主義者は自分にも他人にも厳しいため、いつもイライラしていて、怒りっぽく、また落ち込みやすくもあり、感情にやたらと振り回されている印象があります。

もちろん、完璧主義者にも長所はあります。

・仕事の精度が高い
・責任感が強い
・信頼を裏切らない

など。一方で、次のような短所があります。

・批判的になりやすい
・視野がせまい
・スピードが遅い

そのほかにも、柔軟性がない、楽しむ能力に乏しい、人から好かれにくい……など。

日々、仕事をしていれば、うまくいかないことはあります。仕事というのは問題解決の連続であり、うまくいかないことのほうが多いものです。

それに対していちいちイライラしたり、怒ったり、嘆いたりしていては心が持ちません。ストレスだらけの日々になってしまいます。

「自分にも完璧主義的な傾向があるな」という人はけっこう多いかもしれません。

性格的なものもあるので、簡単ではありませんが、軽減する「超」簡単な方法があります。

「まっ、いいか」

これを口グセにするのです。

英訳すると「oh well」になることから、さまざまな問題を「まっ、いいか」と受け流せるこの考え方を「**オーウェル思考**」ともいい、きわめてシンプルですが、**誰でもどこでも使えて、効果の見込める「自己暗示法」**ではないかと思います。試してみてください。

「疲労」が感情を乱す

現代はストレス社会です。どこにいても追いかけてくるメールやSNS、複雑な人間関係……誰もがストレスを溜め込み、心身ともに疲れやすい状況です。なるべくイライラすることなく、穏やかに過ごしたい。でもそういうときに限って、イヤな出来事、神経を逆なでするような出来事が続く……。そんなことも多いでしょう。

私たちは、肉体的に疲れていると、いつも持っているバッグが何倍にも重く感じますが、それと同じように、私たちは、精神的に疲れると「いつものこと」が重たくなり、うまく対処できなくなります。

いつもなら受け流せるちょっとしたことにもイライラしてしまったり、ささいなことでクヨクヨしてしまったりするのです。

「なんだかイライラする」
「なんだかムカつく」
「なんだか気力が湧かない」
「なんだかもうイヤだ」

……そんな**感情のコントロールがうまくいかないときは「疲労」が原因である可能性が高い**のです。

そういうときは「**体調を整える**」ことを優先順位のトップに持ってくることをおすすめします。

・ゆっくり入浴する

・ぐっすり眠る
・軽い運動をする

ということから、ちょっと贅沢な食事をする、欲しかった服を買いに行く、観たかった映画を観に行く……といった気分転換も含めて、自分のコンディションを整えることを実践してみましょう。仕事ができる人ほど、自分の能力を引き出すために、自分のコンディションを整える努力や工夫を欠かしません。

SNSの注意点

人はネガティブな感情を抱えているときほど、それを解消しようと「情報」を集めようとします。

そしてそのためのツールがインターネットです。

そもそもインターネットというのは、「安全情報（ポジティブ情報）」より「危険情報（ネガティブ情報）」のほうが多く読まれます。

情報を発信する側はそれをわかっているから、確信犯的に人の怒りに火をつけるようなこと、人の恐怖をあおり立てるようなことを書いて注目を集めようとします。

ネットの情報にだまされない、惑わされないためには、**「常識をフル活用せよ」**と先に述べましたが、では、**「発信する側の心得」**としては何が大切なのでしょうか。

「感情が乱れているときは発信を控える」

ということです。

私は、ＳＮＳのさまざまな投稿を見ると、そこが人々の「感情爆発の場」になっているように感じています。ついさっきまで「こんな美味しい料理を食べました」といった喜びの投稿をしていたと思ったら、今度はいきなり政治への怒りをぶつける投稿をしたりする――。

感情がむき出し、ぐちゃぐちゃのまま発信をしており、感情コントロールもへったくれもない、といった状態です。

本音をいえば、「ネットやSNSは一切やめましょう」とアドバイスしたいところですが、いまの時代、それもなかなか難しいでしょう。であれば、たとえば、

・朝はスマホをいじらない
・夜九時以降はネットを見ない
・サブスクは一つだけに絞る
・SNSへの投稿は一日三回までとする

……といったように、一人ひとりがネットやSNSとのつきあい方を見直し「マイ・ルール」をつくるしかありません。

ネガをポジに転化させる七つの方法

感情と表情に関する先駆的な研究を行なったアメリカの心理学者で元カリフォルニア大学教授のポール・エクマンは、**「人間には六つの基本表情がある」**といいます。

喜び、驚き、悲しみ、恐れ、嫌悪、怒りの表情です。

これら六つの表情を思い浮かべてください。

「喜び」の表情を除けば、残りの五つはマイナスの表情です。つまり、人間の表情にはネガティブなものが多いのです。

幸せそうな人の顔が写っている何枚かの写真のなかに、一枚だけ怒った人の顔の写真を入れておくと、それを見た人は、怒った人の顔の写真に真っ先に目が行く、という実験結果もあります。人間はマイナス表情のほうに敏感に反応するのです。

たしかに、相手の幸せそうな顔は思い出せなくても、怒った顔は忘れることができません。

人の怒りや、不安などの感情は、危険から身を守るための本能から生み出されています。

人はとかくネガティブな状態になりやすい――それを理解したうえで、ネガティブな感情が湧き上がったときに、ポジティブな感情へ転化させる意識や技術を持つことが大切です。

ネガティブ感情をポジティブ感情へ転化させるには七つの方法があります。

①深呼吸して六秒待つ

怒りのコントロール法「アンガーマネジメント」でも有名ですが、ネガティブな感情が湧き上がってきたら、「まず、深呼吸」を心がけてください。

それから心のなかで六秒数えてください。

なぜ六秒か。ネガティブな感情のなかでもっとも強いのは「怒り」ですが、怒りの感情のピークは六秒間だけで、それを過ぎれば理性が働きはじめ、衝動的に大声を出したり、物に当たったりするなどの反射的な行動を抑制しやすくなるからです。感情が表に出やすい人はとくにこれを実践してください。

②感情の乱れの原因をよく見極める

湧き上がったネガティブな感情がどこから来ているのかをよく見極めることが大切です。何が原因なのかを探してみてください。

そのためには、前述した、**「あのとき、自分はどんな気持ちだったのだろう？」**と自問することです。

また、1章で紹介した、**「これって、アンコンシャス・バイアスじゃないだろうか？」**という自問をするのも有効です。自分のエゴや思い込み、偏見がネガティブな感情のもとになっていることも多く、それに気づけば、心を鎮めるきっかけが見つかります。

またこれも前述しましたが、「ストレス」や「疲労」が感情を乱す原因になっている可能性も高いので、そんなときは「体調をよくする」「コンディションを整える」ことを最優先にすべきです。

③「Ｉメッセージ」を使う

「ＹＯＵメッセージ」を「Ｉメッセージ」に変える練習をしましょう。

たとえば、「あいつは態度が悪い」はネガティブな表現ですが、これを「私はあの人の態度が残念だ」といった具合に、Ｉ（私は）を主語にして考え、人とコミュニケーションするようにするのです。

これを習慣にすることで、感情を乱す「他責思考」が改善し、心が安定します。同時に、相手を思いやる優しさを持つことができ、人間関係もうまくいきます。

④完璧な理解者はいないと覚悟する

あなたを完全に理解してくれる人はいません。そして、あなたも完全に相手を理解することはできません。家族でさえみなそれぞれ違う人間です。それが当然ですし、それでいいのです。

「あの人ならわかってくれて当然」「家族ならわかってくれて当然」などと考えるのは、エゴなのです。

「半分でもわかってもらえたら上等」くらいの心がまえでいれば、少々わかりあえないことがあっても「まあ、そんなものだよね」と感情が乱れることもありません。先に紹介した「オーウェル思考」です。

いつでも、どこでも、なんであっても、他人に過度な期待はしないことです。そのほうが穏やかに、清々《すがすが》しく生きることができます。

⑤「マイ・ルール」を確立する

怒り、不安、嫉妬……ネガティブな感情をいつまでも引きずりがちな人には、「マイ・ルール」をつくることをおすすめします。

たとえば、カッとなってすぐに怒りの言葉を発してしまいがちな人は、前述した「まず深呼吸、それから六秒待つ」を徹底する。

あるいは、怒りに関する名言をつぶやく、なんていうのもいいでしょう。ことわざの「短気は損気」や、徳川家康の「怒りは敵だと思え」、ガンジーの「弱い者ほど相手を許すことができない」などです。

あなたの好きな作家や俳優やスポーツ選手、歴史上の偉人などの言葉から「怒りを収める言葉」を見つけて、いざというときにつぶやくようにしてみるのです。

そんな「心を安定させるマイ・ルール」をつくりましょう。

⑥自分自身を癒やす

感情が乱れるときは、心身の「疲労」が原因になっている可能性が高いと前述しましたが、疲労を軽減したいのであれば、「一人でやれること」で自分を癒やしましょう。

たとえば、友人とイベントに行く、カラオケに行く、レジャーに行く、といった「発散」系のことは、できるだけ避けたほうがいいと思います。一時的には精神的な疲労解消になるかもしれませんが、肉体的には疲労度が増すので、それがまた心を乱す原因となってしまいかねないからです。

一人でゆっくり映画を観る、小説を読む。軽いジョギングやウォーキングをする、マッサージを受ける。このように、「一人でできる」癒やしの方法を見つけて、実践してみてください。

⑦十分な睡眠を取る

これはもう解説するまでもなく、みなさんもわかっているかと思います。睡眠が十分に取れていれば、気持ちも前向きになり、体調もよくなるのでネガティブになりにくいものです。

いかがでしょうか。ネガティブな感情が湧き起こったら、これら七つのうち、自分に合った方法を試してみてください。

自分の感情を安定させる術を持っていることは、「知・情・意」の「情」のレベルを高め、心を安定させ、コミュニケーション力を向上させ、人間的に、そしてビジネスパーソンとして成長していくために必要不可欠なのです。

知っておきたい「幸せの因子」

『幸せな職場の経営学』（小学館）のなかで、著者の前野隆司《たかし》氏は「幸せを構成する四つの因子」を挙げています。一部編集、要約をして紹介します。

幸せになるための第一の因子は、**「やってみよう！」因子（自己実現と成長の因子）**です。

自分なりの能力・強みを活かせているか、社会の役に立っているか、目標に向かって努力・勉強しているかなど自分が成長し続けていることを実感することで、幸せを感じることができます。

第二の因子は、「**ありがとう！」因子（つながりと感謝の因子）**です。私たちは、人を喜ばせたり、愛情を与えたり、感謝したり、親切にすることで幸せを感じます。他者との関係のなかで感じられる幸せです。

第三の因子は、「**なんとかなる！」因子（前向きと楽観の因子）**です。常にポジティブで楽観的であること。自分や他人を否定するのではなく、受容することは、幸せであり続けるために大変重要な要素です。

第四の因子は、「**ありのままに！」因子（独立と自分らしさの因子）**です。自分と他者を比べることなく、周囲の人を過度に気にせず、ありのままの自分を受け入れ、自分らしい人生を送ることが、確かな幸せをつかむことにつながります。

いかがでしょうか。

この「幸せの四つの因子」は、自分の感情を安定させ、人とのコミュニケーション力を向上させるすばらしいヒントだと感銘を受けて紹介をさせていただきました。

この四つの因子から、自分のあり方や、仕事関係者とのあり方を考えていけば、間違いなく「情」が磨かれ、幸福度が高まります。

「モチベーションが上がる」五つの仕事

職場におけるストレスの原因の一位は男女とも「人間関係」だそうです（マンパワーグループの調査）。

なかでも、とくに「上司との関係」がストレスの原因という回答が男女とも四割以上と、ほかの項目と比べて突出しています。

とにかく人間関係が大きなストレスの原因になっているのです。

このような状況下で、若手のビジネスパーソンはどうすればいいのでしょうか。

人間関係のストレスを抱えながらでも、仕事へのモチベーションを上げて成果を出していかなければなりません。

そんなときのヒントとして紹介したいのが、組織心理学者でハーバード大学教授リチャード・ハックマンの「**職務特性モデル**」です。

ハックマンは、次のような仕事がモチベーションを上げると述べています。

- **単調な仕事ではなく、多様なスキルを必要とする仕事**
- **全体を理解したうえで、始めから終わりまで関われる仕事**
- **他者や社会へインパクトをもたらす重要な仕事**
- **自分でやり方、進め方が決められる仕事**
- **結果の状況についてそのつど知ることができる仕事**

いかがでしょうか。

「そのとおり！」

「よくぞいってくれた！」

「こういう仕事がしたい！」

と共感する若いビジネスパーソンは多いのではないでしょうか。

上から「かわいがられる人」になる

とはいえ、この「モチベーションが上がる仕事」は、若いビジネスパーソンが自らの希望や裁量で選択し、取り組めるものではありません。これは企業側、上司側が部下に仕事を指示する、仕事を与えるときのヒントといえるかもしれません。

しかし、若いビジネスパーソンにいいたいのは、「本当にそう。そのとおり！」「こういう仕事がしたいんだ！」と思うなら、こういった「モチベーションが上がる仕事」を与えられるのをただ待つのではなく、

「モチベーションが上がる仕事を獲得することをモチベーションにする」

という姿勢で自ら積極的に動いてほしいのです。

たとえば、「面白そうだな」「自分もやってみたい」と思う仕事に取り組んでいる先輩がいれば、**「お手伝いできることはないでしょうか」**といってみる。「ありがとう。いまのところはないよ」といわれたら「わかりました。何かあればおっしゃってください」と素直に引き下がる。

「じゃあ、これをお願いできる？」といわれたら、簡単な仕事でも喜んで引き受けて、いわれたとおりに完璧にやり遂げる。

何か疑問があれば、しっかりメモを取るなりして、先輩の空いている時間に質問してみる。しかし、あまり出しゃばりすぎて迷惑をかけたり、かき乱したりすることがないように注意する。

こういった行動を続けていれば、上からかわいがられますし、やる気もアピールできます。そうすれば、「今度はあいつにやらせてみようか」と、いよいよその仕事を任せられるときも遅かれ早かれ来るでしょう。

ストレスの原因は大きく三つ

私が社員研修を依頼された会社で若手社員の人々と話してみると、人間関係のストレスには共通して次の三つの原因があるように感じました。

①価値観が合わない
②世代間ギャップがある
③自己肯定感を低下させられる

これらの原因で感情が乱れ、ストレスを抱えているようでした。

人はそれぞれが生きてきた環境や人間関係にさまざまな影響を受け、独自の価値観をつくり上げることになります。

そう考えると、他人とわかりあうのは難しいのです。

また、世代によって、過ごしてきた「時代の雰囲気」があります。それによって仕事への考え方もやり方も違います。

テクノロジーの進化に関連した世代間のギャップもよく問題になります。

さらに職場には、批判してくる人やネガティブなことをいってくる人もいて、そうすると自己肯定感は下がりやすくなります。

とはいえ、それに不平不満をいってもしかたがありません。こういったストレスが職場にはあるということを前提にして、感情を乱さない対策をすることが大切です。

では、どうすればいいのでしょうか。

①「価値観が合わない」人への対処

人は長い時間をかけて、ものの見方や善悪の判断のクセがついていきます。たとえば職場には、仕事に対して積極的であるべき、冷静であるべき、協調的であるべきなど、さまざまな価値観が同居しています。

「あの人、なんか苦手なんだよな」「あの人、なんか好きになれない」というのは、価値観の違いが原因になっていることが多いものです。

相手の価値観を変えることはできません。相手が変わってくれることを期待するからストレスになるのです。

「人は変えられない」

この大前提を深く受け入れる。

そして自分が変わるべきです。アプローチや接触の回数が変われば、相手との関係にもいい変化が生まれます。

②「世代間ギャップがある」人への対処

年齢が離れるほど世代間ギャップは大きくなっていきます。年代によって、考え方に大きな違いがあるのは間違いありません。

「この世代の人はこういう人だ」とひとくくりにはできませんが、同じ時代を生きると似たような傾向、性質を持つものです。

上の世代を嫌う、あるいは下の世代を見下すような態度を取って、人間関係がうまくいくことはないでしょう。

あの人はこう考える。自分はこう考える。

どちらも間違っていませんし、どちらも正しいのです。

相手を尊重する気持ちを持ち、相手を理解する努力をしましょう。

相手の考えを自分の中に取り入れる必要はありませんが、「否定」してはいけません。「理解」できなくても、せめて「受け止める」ようにしてください。

そうすれば、相手はあなたに安心感を抱いてくれます。「安心感」は、コミュニケーションを円滑にする土台です。

③「自己肯定感を低下させられる」人への対処

自己肯定感とは、ありのままの自分を、好意的に、前向きに受け止める感覚のことです。

自己肯定感は、自分の価値を信じられなくなると低下します。

働きはじめると、気の合う人だけと一緒にいることはできません。好感の持てる人ばかりと仕事をするのは不可能です。

だからこそ、相手の言動にいちいち傷ついたり、落ち込んだりしないでください。一喜一憂する必要はありません。他者の影響によって、自己肯定感を落とすのはもったいないことです。

否定的なこと、ネガティブなことばかりいう批判タイプ。

独自路線で、他者と足並みをそろえない協調性のないタイプ。

ネガティブなことばかりいう、しかも、それに対して同意を求めてくる不平不満タイプ。

強い主張で意見を押しつけてくる自己主張タイプ。

……こういう人の話は、「真に受けない」と決めておいてください。

そして、できる限り、物理的にも距離を置くことをおすすめします。

相手も自分も大切にするコミュニケーション法

「アサーティブコミュニケーション」という言葉を聞いたことがありますか？

アメリカで生まれたコミュニケーション法です。

「相手のことを尊重し、認めながらも、自分の主張すべきことはしっかり通す」ためのコミュニケーションのノウハウです。

簡単にいうと、

「相手も自分も大切にするコミュニケーション法」

で、相手を否定することなく、また、自分もストレスを抱えることなく、理想的な人間関係を築いていくことが狙いです。

「知・情・意」の「情」のレベルを上げるコミュニケーション法として、ここでは、アサーティブコミュニケーションの一つで、アメリカの心理学者ゴードン・バウアーらによって提唱された、

「DESC（デスク）法」

というものをご紹介します。

「DESC法」とは、

① Describe（描写する）
② Express（伝える）
③ Suggest（提案する）
④ Choose（相手の選択を受け、応答する）

というステップでコミュニケーションを進めます。

効果絶大の「ＤＥＳＣ法」

たとえば、あなたが営業部のリーダーに昇格して、はじめて部下を持つことになったとします。

その部下が遅刻してきました。この部下に対して、「ＤＥＳＣ法」を使うとしたらどうなるでしょうか。

【Describe】（描写する）
「○○君、一〇分の遅刻だね。連絡もなかったよ」
↓ここでは、相手の行動や状況を客観的に描写し、事実のみを伝えます。怒ったり、あきれたりといった感情を入れないのがポイントです。

【Express】（伝える）

「連絡がないと、何か事故にでもあったのではないかと本当に心配するよ」

↓ここでは、事実に対して「自分はこう思っている」ということを簡潔に伝えます。口調に気をつけ、穏やかに伝えるのがポイントです。

【Suggest】（提案する）

「朝が苦手だといっていたね。でも遅れるときは、事前に連絡だけはしてほしい」

↓相手への理解を示しつつも、具体的な解決策を提案・依頼します。威圧的、強制的な口調ではなく、相手の同意を得られるように穏やかに、丁寧に伝えることが重要です。

【Choose】（相手の選択を受け、応答する）

「今後はそうしてくれるんだね。だったら私も安心して仕事に取りかかれる」

↓相手の反応（選択）を受けて、こちらの応答を選択します。もし提案が受け入れられなかった場合は代替案を提示します。ここで、ときには強めに出る必要があるかもしれませんが、いずれにしても関係が壊れないよう建設的な解決につなげることを心がけます。

ここでは、部下指導における「DESC法」を紹介しましたが、逆に部下から上司への働きかけや、あるいはクレーム対応、交渉など幅広い場面で応用できます。

「感情を上手にコントロールしながらWin-Winの関係を構築する」この手法は、シンプルですがビジネスシーンで絶大な効果があり、私も日々の仕事で多用しています。

みなさんもぜひ身につけてほしいと思います。

「人を責める」より「仕組みを見直す」

私は、社員の「ネガティブ感情」のコントロールは、個人だけでなく会社組織としても対処するのが理想であると考えています。

多くの人のストレス源となっている「人間関係。とくに上司との関係」に向き合い、少しでも軽減していくことが上司や会社の責務です。

そのためには、何か問題が起きたときに、「誰々が悪い」式の犯人捜しにならないように気をつけなければなりません。

「なぜ、そんな問題が起きたのか」——その原因は「人」ではなく「会社の仕組み」にあり、そこを見直し、改善していこうと考える。そういう組織にすることが、社員の「心理的安全性」を守り、会社全体の「情」のレベルを上げ、それが健全なる発展につながると信じます。

若いビジネスパーソンのみなさんも、これから上を目指すのであれば、このことはぜひ覚えておいてください。

仕組みの問題点は、「みんなで話し合い、改善点を出し合う」ことが重要です。そして「やるべきこと」「やめるべきこと」を挙げて、優先順位をつけながら実施していきます。その後、ミーティングで、みんなで進捗《しんちょく》状況を確認し合い、また改善点を話し合います。それを繰り返していきます。

これを行なえば、一体感が生まれます。問題解決力に優れたチームや組織になることは間違いありません。

「空気」を読みすぎないこと

『「空気」の研究』（山本七平／文藝春秋）に、次のような一節があります。

この「空気」とは、一体何なのであろう。それは教育も議論もデータも、そしておそらく科学的解明も歯が立たない〝何か〟である。

「空気」とは、一つの宗教的絶対性をもち、われわれがそれに抵抗できない〝何か〟だということになる。もちろん宗教的絶対性は、大いに活用もできるし悪用できる。

また、こうもいっています。

たとえば、ある会議であることが決定される。そして散会する。各人は三々五々、飲み屋などに行く。そこでいまの決定についての「議場の空気」がなくなって「飲み屋の空気」になった状態での文字通りのフリートーキングがはじまる。そして「あの場の空気では、ああ言わざるを得なかったのだが、あの決定はちょっとネー……」といったことが「飲み屋の空気」で言われることになり、そこで出る結論はまったく別のものになる。

西欧と日本のコミュニケーションには大きな違いがあります。西欧は「木を見て森を見ずの世界」であるのに対し、日本は「森全体を見て判断する」といわれます。

つまり、西欧は「コンテンツ（内容）型」で、話の内容を大切にするのに対して、日本は「コンテクスト（文脈）」型で、対話者がお互いに共有している暗黙の了解――いわゆる、空気を大切にします。

ですから日本では、「ＫＹ（空気を読めない）人間」が排除されるのです。

この日本の「暗黙の了解」や「空気を読む」ということは、いまにはじまったわけではありません。昔からあります。

「空気」とは不思議なものです。

たとえば、『失敗の本質』（戸部良一、他／中央公論新社）によれば、太平洋戦争に突き進んでいった際もこの「空気を読む」ことがあったと記されています。

国民が軍部のプロパガンダに洗脳され、「それならやるしかない」というような空気に支配され、戦争に向かっていった――と。

もちろん、「空気を読む」のは悪いことばかりではありません。相手の気持ちを察して相手を気づかうというのも日本人の美徳です。

ですが、「空気の読みすぎ」は、自分自身を萎縮《いしゅく》させ、行動力を失わせてしまいます。

若いビジネスパーソンには、上手に空気を読みながら、でも読みすぎることなく力強く前進していってほしいと願います。

感情コントロールの「上達の極意」

さて、この章も最後となりました。

この章で伝えたかったことをまとめてみましょう。

- **ネガティブ感情をポジティブ感情へ転化すること**
- **心を上手にコントロールし、ストレスを軽減すること**
- **アサーティブなコミュニケーションスキルを身につけること**
- **日本人特有の性質を理解し、人間関係を深めること**

といったことです。

感情の取り扱いは難しいと、この章のはじめにいいました。「知・情・意」のなかでも、「情」のレベルを上げるのはとりわけ難しいかもしれません。

しかし、あまり難しく考えすぎないようにしてください。本書を読んで、何か一つでも「やってみようかな」と思ったことがあれば、ぜひ実践してみてください。「案ずるより産むが易《やす》し」です。

また感情は、「さまざまな危険から身を守るための人間の本能」であるということもこの章のはじめにいいました。

ネガティブな感情が湧き上がるのは、人間なら当然のことです。

ただし、それに振り回されてはいけません。自分のネガティブ感情を注意深く観察し、それを上手にコントロールすることが大切です。感情が「暴走」を起こす前に手を打つことが肝要です。

感情がいつも不安定で、仕事がうまくいくことはありません。人間関係もうまくいくことはありません。

ぜひ、本書で紹介した内容を参考に、感情コントロール力を高めていってください。

感情をコントロールする方法は、スポーツと同じで、上達するには繰り返し、繰り返し練習することが大切です。

そして必要に応じて自分なりにさまざまなアレンジや工夫を加えることで、本当に役立つ、使えるスキルになっていくでしょう。

3章

「意」をどう磨くか？

——「やり抜く理由」がある人は強い

「意志の強さ」はどこから来るのか？

この章では、「知・情・意」の「**意**」についてお話しします。

「**意**」とは、「**意志の力**」のことです。

よく使われる表現に、「意志が強い、弱い」というものがあります。

意志が強い、とは、強い気持ちで、やるべきことに向き合い、行動していることです。意志が弱い、とはその逆です。

意志の強さ、弱さを分けるものはなんでしょうか？

私は、「**信念**」だと考えます。

「これは、なんとしてもやり抜かなければならない」と心に決めると意志は強くなります。

逆に、なんとなく「やってみるか」という程度の気持ちで行動すると、途中で挫折してしまいます。

意志の強弱によって、目標達成の可能性も大きく変わるということです。

大きな仕事でも、小さな仕事でも――

何も考えずに、行き当たりばったりで行動する人がいます。こういう人は、ちょっとしたトラブル、問題が起こるとあっさりとあきらめます。

やはり、**「やり抜くべき理由」**を自分なりに持っておかないと、強い意志が生まれることはないということです。

大きな仕事であろうが、小さな仕事であろうが、「自分がそれをやる理由」と、「その結果、得られる価値」を明確にしておくことが大事です。これがないと自分の能力を発揮させようがありません。

若いうちから「やり抜き、何かしらの結果を得る」経験をしておくことが、私は大事だと考えています。

なぜなら、それが自信や自己肯定感につながり、その後、社内で出世するにしても、転職をするにしても、独立するにしても有利になるからです。

だから、「意志の力」を鍛える必要があるのです。

「2W1H」を明確にする

強い意志を生み出すには、「WHY」「WHAT」「HOW」を明確にすることが有効です。

あなたには、「なりたい自分」があるはずです。ならば、次のことを自問してみましょう。

・なぜそうなりたいのか？（WHY）

・自分は何をしたいのか？（WHAT）
・そのためにどうするのか？（HOW）

この質問について考え、突き詰めていくと、理想の自分に近づく道が見えてきます。必要なこと、やるべきことが明確になって、力を集中させることができます。強い意志を持って前進できるのです。

ある若手ビジネスパーソンの「2W1H」

あるIT企業に入社したばかりの若いビジネスパーソンを指導したことがあります。

彼は、まわりの先輩や上司のスキルの高さに圧倒されて、「自分はここでやっていけるのだろうか」と不安に思っていました。そして「もっと実力をつけたい」といいます。

彼に、「2W1H」で考えるよう指導しました。

・WHY

↓このままではやっていけるか不安だから。実力をつけたい

・WHAT

↓実力をつけるために、動画編集のスキルを磨きたい

・HOW

↓スクールに通い、半年で基本をすべて習得したい

このように、「2W1H」で考えると、自分にいま何が必要かが具体的に見えてきます。自身の行動計画が明確になり、動きはじめることができます。

シンプルだけど効果的な「2W1H」で考える手法で、「やりたいこと」「やるべきこと」が限定されると集中力が増し、やり抜く力も引き出されます。

「グランドデザイン」を描こう

「自分の仕事人生を、どのようなものにしたいのか」というグランドデザイン（全体構想）を明確にイメージできると、意志の力も引き出されます。大きく成長していく人や、圧倒的な成果を出していく人の多くは、若いときからグランドデザインを明確に描いています。だから、将来に大きな差が生まれます。

グランドデザインを描くときのポイントを五つ、挙げていきます。

ポイント①目標（夢）を明確化する

あなたの大きな目標は、なんでしょうか？　夢、といってもいいかもしれません。何を成し遂げたいのでしょうか？　それをより明確に、より鮮明にしてください。ここがあやふやだといいグランドデザインは描けません。時間を取ってじっくり、しっかり考え、書き出してみてください。

ポイント②長期的視点を持つ

多くの人が、長期的視点を持つことを苦手としています。そして、目先のことにとらわれ、行き当たりばったりで仕事を行なっていくことになります。

しかし、短期的視点しか持たない人は、大きな成果を出せませんし、理想の仕事人生を生きることはできません。

たとえば「五年後に、こういう成果を出したい」「一〇年後に、こういう成果を出したい」というものを決めてください。それを書き出してください。

小さくまとまらず、大きな成果を目指してください。そうすれば、必然的に長期的な視点を持つことができます。

もちろん、目標が途中で変わってしまっても問題ありません。それでも長期的な視点を持つことが、大きな成果を出すためには必要不可欠なのです。

ポイント③リソースを評価する

「リソース」とは、あなたが現在持っているお金、人（仲間）、技術（スキル）などの資産です。

これを評価して、今後必要なものはなんなのかを探ります。

たとえば、あなたが今後、独立を目指すのであれば、資金が必要です。独立資金にはいくら必要なのか？　それを得るためにはどうすればいいのか？　また、独立するのであれば、協力者が必要かもしれません。どんな人脈が必要なのか？その人脈をつくるにはどうすればいいのか？

こういったことを戦略的に考えて書き出していきます。

ポイント④優先順位をつける

「夢」に向かって「やるべきこと」に優先順位をつけ、実行計画を立てます。私の場合は、五つくらいに絞ります。一〇も二〇もあってはどれも中途半端となり、実現できないからです。「やるべきこと」を絞るためには、劣後順位、つまり

「やらないこと」を決める、というのも重要になってきます。

ポイント⑤SWOT分析を行なう

SWOTとは、「Strength（強み）」「Weakness（弱み）」「Opportunity（機会）」「Threat（脅威）」の頭文字を取ったものです。

自身の「強み」「弱み」「機会」「脅威」を分析して、目標達成やリスク管理に役立てようというものです。「機会」は「市場」とか「環境」といった意味でとらえるといいでしょう。それを書き出します。

強みはより伸ばし、弱い部分は補う方法を考えます。機会（市場・環境）の変化や、脅威となりそうなことを把握し、その対応策を考えます。

私の「グランドデザイン」を紹介しよう

さて、グランドデザインのポイントをお話ししてきましたが、なかなか具体的にイメージがつかめないかもしれません。

そこで、「私のグランドデザイン」を紹介しましょう。

ポイント①目標（夢）を明確化する

私の大きな目標は、「課題解決コンサルタントとして、課題解決メソッドを世の中に広め、ビジネス社会に貢献する」です。

ポイント②長期的視点を持つ

私は、独自に開発した「課題解決メソッド」を一万人に伝えたいと思っています。そのために講演や研修の依頼が継続して得られるようにしていかなければなりません。

ポイント③リソースを評価する

私の一番のリソースは「人」です。クライアント、コンサル仲間、出版関連の協力者——こういった人脈こそが強力な味方です。多くの人に「課題解決メソッド」を伝えたいので、知名度や説得力を高めるため、今後は出版に力を入れていきたいと考えます。

ポイント④優先順位をつける

自分の「夢」に向かって「やるべきこと」は次の五つです。

一、年間二〇回の研修を行なう
二、年間一〇回の講演会を行なう
三、教育関連業界との仕事を増やす
四、本を一〇冊出版する
五、課題解決メソッドを教えられる講師を一〇名育成する

ポイント⑤SWOT分析を行なう

【私の強み】
・独自の課題解決メソッドを持っている
・人との交流、対人関係が得意
・財務、経理の知識にも精通している

【私の弱み】
・体力が衰えてきた
・このところ忙しすぎてインプット量が減っている
・ITのスキルに若干遅れてきた

【機会】
・価値観の多様化による学習機会の増大
・価値観の多様化による学習深化への期待

・ビジネス環境の閉塞感を打ち破るべく課題解決メソッドの全国展開

【脅威】
・コンサル業界の乱立による質の低下
・不景気による企業の社員教育費削減
・少子化による対象人数の減少

このような「ＳＷＯＴ分析」となりました。

◇

これを参考に、あなたもぜひ自身のグランドデザインを描き、意志の力を発揮して大きな成果を出していってください。

そして時折、その進捗を確認してください。

グランドデザインは長期的な目標ですから、週ごと、月ごとに確認するのではなく、一年単位で確認しましょう。年に一回のチェックです。

なぜ確認する必要があるのかといえば、理想と現実が大きく乖離《かいり》していないかを見定めるためです。

描いたグランドデザインをじっくり見返しながら、目標を確認して、その達成に向かって行動を継続していきましょう。

順調に理想に近づいていればそのまま突き進めばいいですし、理想と現実に大きなギャップがあれば、それを埋めるための改善をすればいいのです。

安田善次郎からの〝お説教〟を聞け

「やるべき仕事を先延ばしにしてしまう……」

と悩んでいる人は多いのではないでしょうか。

そして、「自分は意志が弱い……」と自己嫌悪に陥ってしまう。

安田財閥の創業者、安田善次郎は『現代語訳　意志の力』（守屋淳訳／星海社）のなかで、次のように語っています。


たとえば「これこれの仕事は今日中にぜひ仕上げる」という予定であれば、たとえどんなに都合が悪くても、どんなに疲れていても、必ずやり遂げた。どんなに夜が遅くなっても明日に延ばすことは決してしなかった。

「あまりに疲れたから」とか「夜があまりに遅くなったから」という理由で、今日の仕事を明日に延ばすひとが世間には多い。

しかし、結局は仕事に対する誠心誠意が足りないためにそうなるのだ。本当に誠心誠意ですべての力、すべての能力を尽くしてことに当たるという命がけの覚悟があれば、一晩や二晩くらい徹夜を続けるくらいの辛抱ができないはずはないのである。

ぐうの音も出ません。
さすが安田善次郎、としかいいようがありません。
やり遂げる力のない人に成功はないのです。

スタンフォード式「モチベーション」の高め方

いかにやる気を高められるか――。

アメリカの心理学者ケリー・マクゴニガルは、『スタンフォードの自分を変える教室』（神崎朗子訳／大和書房）のなかで、前向きなモチベーションを生むには次のようなことを意識すると良いといっています。

・他者やコミュニティ、大切にしている大きな目的・目標とのつながりを感じること

・人生の質を左右するような行動や選択を取ること。自分の意思で行なった行動や選択が、目標達成につながるようにすること
・会社や人、社会に貢献できる能力があることを自覚し、その能力の上達のための学びを行なうこと

また、「モチベーションを上げる」ということに関して、「幸福学」研究の第一人者で慶應義塾大学教授の前野隆司氏は、『幸せな職場の経営学』（小学館）のなかで、次のようにおっしゃっています。

「指示待ち人間」に悩む上司やリーダーの話は最近よく耳にしますが、まず気になることは、このような悩みを持つ管理職世代の皆さん自身、実は「指示待ち人間世代」なのではないかということです。（中略）高度成長期以来、明確に決められた業務を遂行するというやり方が徹底された結果、基本に忠実な人が増え、浸透したのが現代の日本社会なのです。この種の課題解決策の一つは、

明確な指示を与えるということです。（中略）まず相手を信頼し、適切な量と質の権限を委譲することです。

①メンバーに、ある程度の仕事を任せてみる
②難しそうであれば、対話を通して、相手のやりたいことをじっくり聞く
③②の「やりたいこと」を実現するためにどうしたら良いのかを考えるように促す

これは、リーダー向けの話なのですが、これを若手のみなさんも十分に考えて理解しておく必要があります。

いまの時代は非常に変化が大きい時代です。指示待ちではけっして勝ち残っていけません。しかし、とくにバブル崩壊後の日本の企業では経営判断が慎重になりすぎて、「何をすべきかがあいまいで、行動指針が機能しにくい時代であった」ということは理解しておいてほしいのです。

いずれにしても、指示待ちにならずにモチベーション高く積極的に仕事に取り組む術を持っていないと、仕事はつらいばかりになってしまいます。

自分で自分のやる気に火をつける――。その方法をたくさん持ってください。

あなたは「自信」を持っていい

自信がつくと、意志も同時に強くなっていきます。

では、自信をつけるにはどうすればいいのでしょうか。

自分自身の「成長」を振り返ることです。

あなたはこれまでに、いろいろな壁を乗り越えてきた。ときには挫折しながらも継続的に努力し、スキルを磨いてきた。さまざまな人と出会い、仲間も得てきた。あなたは必ず成長しています。

自信がある人は、強い「自己効力感」を持っています。

「自己効力感」とは、「自分ならどんなことも乗り越えられる」という確信のことです。あなたは日々成長しているのですから、「自分ならできる」「必ずうまくいく」と自信を持っていいのです。

自分はまだまだ、などと考えないでください。

「知識がない」

「根性がない」

「学歴がない」

「人脈がない」

「能力がない」

そんなふうに「ない」ことばかり挙げて、自信を失わないことです。

すでに「ある」ことに目を向ければ、自分はこれまでたくさんのことを得てきたのだということがわかるはずです。

「自分はできる！」

「必ずうまくいく！」

「いつか成功する！」

と思っておけばいいのです。

まわりの人たちに思いきって聞いてみてください。「自分の仕事ぶりはどうだ？」と。みんな、「いつも大変だけどがんばっているね」「よくやっているよ」といってくれるはずです。

そんな仲間がいるだけでも、あなたは成功を手にしています。

「ストレス」は「悪」なのか？

多くの人が「ストレスは健康や家庭生活、仕事に悪影響を与える」と考えているようです。

「ストレスは悪だ」

と。

一方で、

「ストレスにはメリットもある」

という調査結果があります。

『スタンフォードの心理学講義　人生がうまくいくシンプルなルール』（ケリー・マクゴニガル／泉恵理子監訳／日経ＢＰ社）によると、二〇〇五年から二〇〇六年にかけて行なった調査会社ギャラップ社の調査で、

「ストレス指標が高ければ高いほど国も豊かだ」

という結果が出たそうです。

世界一二一カ国、一二万五〇〇〇人に対して、「昨日、多くのストレスを感じましたか？」という問いかけをしました。

「はい」と答えた人のパーセンテージから国別に「ストレス指標」を算出したところ、「昨日、多くのストレスを感じた」と答えた人が多い国ほど、「平均寿命や

ＧＤＰが高く、国民の幸福感や満足度も比例して高い」ということがわかったのです。

ストレスを「避ける」のではなく「飼いならす」

調査は、さらに個人のレベルでの幸福とストレスの関係について調べていました。

その結果、興味深いパターンが見られました。ストレスを多く感じた日には、怒りや気分の落ち込み、悲しみ、不安を感じやすくなっていたと同時に、ストレスを感じることは、喜びや愛、笑いを多く感じることとも関係していたそうです。

つまり、

「ストレスの多さは悩みと幸福感の両方に関わっている」

ということがわかったのです。

人生においてストレスは避けられません。ストレスから逃げよう、逃げようとするから不安や気分の落ち込みを感じやすくなるのです。ならばストレスから逃げず、受け入れ、乗り越え、幸福のために活かす工夫が必要です。

ストレスは毒でしかない、という思い込みを捨てましょう。何かストレスを感じたら、これはいま、まさに成長するために、幸せになるために自分に必要なことなのだ、ととらえるのです。

ストレスを「飼いならす」ことができれば、より前進力が強化されます。

自分の「知的財産」を積み上げる

人間の知的活動によって生み出されたアイデアや、創作物などを「知的財産」

と呼びます。

「意志の力」を強くするためには、「知的財産」をたくさん自分のなかにつくることが必要です。

そのためにはどうするか？

①本を読む

たくさん本を読んでください。「深い知識」「深い理解」を得るためには、読書が一番です。「ネットで情報を取るから本はいらない」という風潮が広がっていますが、それは違うと、明治大学教授の齋藤孝氏はいっています。

ネットで本を読むとき、私たちは「読者」ではありません。「消費者」なのです。こちらが主導権を握っていて、より面白いものを選ぶ。「これはない」「つまらない」とどんどん切り捨て、「こっちは面白かった」と消費していく感じです。消費しているだけでは、積み重ねができにくい。せわしく情報にアクセスしているわりに、どこかフワフワとして何も身についていない。（中略）浅い情報は常にいくつか持っているかもしれませんが、「人生が深く」なることはありません。

と。またこういっています。

著者をリスペクトして「さあこの本を読もう」というときは、じっくり腰を据えて話を聞くような構えになります。著者と二人きりで四畳半の部屋にこもり、延々と話を聞くようなものです。ちょっと退屈な場面があっても簡単に逃げるわけにはいきません。辛抱強く話を聞き続けます。

逃げ出さずに最後まで話を聞くとどうなるか。それは「体験」としてしっかりと刻み込まれます。読書は「体験」なのです。（中略）自分一人の体験には限界がありますが、読書で疑似体験をすることもできます。読書によって人生観、人間観を深め、想像力を豊かにし、人格を大きくしていくことができるのです。

そのとおりだと思います。

「ネットではたどり着けない場所」が本にはあるのです。

ぜひ、本を読んで読んでください。月に少なくとも五冊は読め、といいたいです。将来の「知的財産」の量が圧倒的に違ってきます。

②人から話を聴く

私は興味のあるテーマの講演会によく行きます。さまざまな人の話や意見を聴き、理解できなければ質問して理解を深めます。

たとえばこの前、全労災協会シンポジウムに足を運び、「人と人とのつながりの価値」というテーマで、前京都大学総長の山極壽一《やまぎわじゅいち》氏の講演を聴いてきました。山極氏は、ゴリラ研究の第一人者でもあります。

山極氏は、人間の集団規模とコミュニケーションの関係について、人類の歴史や脳の進化の観点から、「顔と名前がわかり、日ごろ会話をあまりしていなくても信頼できる仲間の数は一五〇人」と定義しています。実際に「年賀状を書くときに相手の顔が思い浮かぶのはそれくらいがマキシマムだ」とおっしゃいます。

このような話を聴いて、たとえば、ＳＮＳで何百人、へたをすれば何千人とつながっているのは、有名人ならいざ知らず、なんと無駄なことをしているのだろうかなどと考えたりしました。

いずれにしても、まったく自分とは異なる世界で活躍されている人の話はとても面白く、刺激的なので、何か興味のある人の講演会があればぜひ積極的に聴きにいくことをおすすめします。

③学んだことを伝える

本を読んだり、一流の人の話を聴いたりすると、感銘を受けたり、知識が増えたり、その分野に詳しくなったりします。

それをぜひ「アウトプット」してください。

・ノートに書き出してみる
・身近な人に話してみる
・ブログやSNSなどで発信してみる

学んだことを伝えたり、教えたりすると、より理解が深まるし、「アウトプット」をすると、そこにまた新たな人や情報が集まってきて、さらに学びが増えていくのです。「知的財産」が増えていくこと間違いなしです。

私の「挫折」について

私の社会人としての「挫折」は数多くあります。なかでも花王時代の挫折が、みなさんのご参考になると思いますので紹介します。

花王で「押し込み販売」が問題になったことは前述しましたが、それが落ち着いたあと、私は四四歳のとき、化粧品の販売部門から社員の教育部門へ異動することになりました。

その人事にはとても失望し、力が抜けていくような挫折感がありました。それまで化粧品販売部門で「売る」ことに専心していました。自分なりに努力してきたつもりです。それが、いきなり人に何か「教える」なんてガラじゃない、とてもできない……。そう感じていました。

しかし、サラリーマンの身ですから、会社から命令されれば、それに従わねばなりませんでした。

花王の教育部門には当時の丸田社長肝いりの霞ケ浦研修所があり、ここには、一二〇を数える宿泊室と、大きな会議室、四〇～五〇名が収容できる中教室や四、五名単位の小教室がいくつかあり、教育施設としてとても充実していました。それだけでなく、食堂や図書室、運動場なども備わっており、丸田さんの社員教育への熱き思いがあふれていました。

そんななかで、私の教育部門での仕事がはじまりましたが、しばらくすると私の上司に異動があり、Hさんが私の上司になりました。人事部畑の方で、「花王の行動指針」をつくられた立派な方でした。

いま考えると、この方が異動して来なければいまの自分はないといっても過言ではありません。人との出会いの大切さを思い知らされます。

私の所属は、化粧品部門の社員の能力開発部でした。ここでは販売部員や美容部員（花王ではアドバイザー）の教育を行なっていました。研修所は茨城県の霞ケ浦で、本部は花王本体のある東京・茅場町なので、何か本社で会議があれば茅場町へ、研修があれば霞ケ浦へ、というなかなか忙しい毎日でした。

私は挫折からどう立ち直ったか？

そんなある日、Hさんから「このようなものをつくらないか」と差し出されたものが「花王の行動指針」でした。

私ももちろんその存在は知っていましたが内容はよく理解していませんでした。Hさんのチームが以前つくったもので、じっくり読むと、じつによくできています。

当時、化粧品部門の社員たちは「押し込み販売」問題で疲弊しており、化粧品部門専用の行動指針は、彼ら、彼女らの新しい道しるべになるかもしれない――と思い、私は「ぜひつくりましょう！」と答えました。

さっそく翌日から具体案の検討に入りました。

化粧品販売の現状はどうなっているのか、どうしたらもっとよくなるのか、という大きなテーマからスタートし、議論を重ねながら細部を詰めて、「化粧品セールスブック」をつくっていきました。一日中会議室や研修室に缶詰となり、ホワイトボードに内容を書き出しながら吟味します。

それを来る日も来る日も遅くまで繰り返しました。いま考えると、このときほど必死に、夢中になって何か一つの仕事に取り組んだことはないかもしれません。

まだ若さもあったのでしょう。しかし、根を詰めすぎて何度か体調を崩すほどでした。

このような苦労を重ねて数カ月。その「化粧品セールスブック」をいよいよ化粧品部門のトップの前でお披露目です。緊張しながらも必死にプレゼンし、終わるやいなや、「よし、これでいこう!」と一発回答。

本当にうれしく、指導してくれた上司のHさんに対する尊敬と感謝の気持ちでいっぱいになりました。その後、この「化粧品セールスブック」は全国の花王の販売店に配布されました。

私は、このような挫折と立て直しを何度も経験していまがあります。そのときどきによき人と出会い、苦楽を共にし、乗り越えてきました。

そして気づいたのです。**人と力を合わせて、ダイナミックに仕事を進めることほど楽しいことはない**、ということに。

若いみなさんにもぜひ、そのすばらしさを実感していただきたいと心から思います。

「自分のための人生」を生きる

さて、先に「自分の仕事人生を、どのようなものにしたいのか」というグランドデザイン（全体構想）を明確にイメージできると、意志の力も引き出される、と述べました。

「大きく成長していく人や、圧倒的な成果を出していく人は、若いときからグランドデザインを明確に描いていることが多く、将来に大きな差が生まれる」と。

この章の最後に、このことの大切さについてあらためて述べておきたいと思います。

「知・情・意」の「意」――意志力を強めるには、何より自分自身を満足させてあげることが大切です。

誰のものでもない、たった一度きりの「自分のための人生」なのですから。

だからこそ、自分が自分らしく生きるためにどうすればいいかをしっかり見つめ直しましょう。

もっと自由に、もっと大きく「グランドデザイン」を描きましょう。

- **「自分」の能力を最大限に活かすには？**
- **「自分」の価値を最大限に上げるには？**
- **「自分」の幸福を最大限に得るには？**

そのような視点を持って「自分のための人生」のグランドデザインを描いてください。「本当にやりたいこと」「必ずやるべきこと」が見えてきます。それが、あなたの「意志の力」を磨いてくれます。

終章

「壁」をどう破るか？

——人生に「成長スパイラル」をつくる

「知・情・意」をバランスよく磨く

ここまで「知・情・意」の「知性」「感情」「意志」を磨くことについて、一つひとつお話ししてきましたが、この章では、「知・情・意」のレベル全体をさらに向上させる方法を考えていきます。

「知・情・意」を磨くとどんな力が磨かれるのか、あらためて挙げましょう。

・知――思考力、論理力、判断力の向上
・情――感情コントロール力、コミュニケーション力の向上
・意――自己成長力、目標達成力の向上

このことは何度か述べましたが、「知・情・意」は、どれか一つが磨かれるだけでも意味があります。しかし、とくに若いビジネスパーソンは、自分はこれが得意、自分はこれが苦手、と勝手に決めつけず、「知・情・意」のすべてを磨く努力をすべきです。

そのほうが今後より大きく成長する可能性が広がりますし、より目標達成への時間を早めることができます。

「知・情・意」のうち、「自分はこれが弱いな」というものがあれば、それをどう強化すればいいかを考えましょう。

若いビジネスパーソンにありがちなのは、「知」ばかり磨こうとして、ほかの二つをおろそかにしてしまうことです。

若いときは才気走り、「知」――知識や情報、スキルさえあればなんでもできる、と考えがちです。

しかし、実際は「情」――感情コントロール力やコミュニケーション力がなければ仕事はうまくいきませんし、「意」――自己成長力や目標達成力がなければ成功を手に入れることはできないのです。

「現状維持」は退化であると心得る

「〝課題〟が多く見つかり、収穫でした」

将棋の藤井聡太名人の言葉です。

対局のあと、いつも冷静に自分の戦いを振り返る姿勢は尊敬に値します。

私たちは、いまの自分に満足してしまったら、そこで成長はストップしてしまいます。

自分流の仕事のやり方、仕組みが出来上がると、ラクに仕事をこなせますし、安定的に成果を出すこともできますが、新しいことに挑戦せず、現状維持ばかり考えるようになると危険です。

このスピード社会では、いまの自分のやり方がいつまでも通用するとは限りませんし、そのやり方でいつまでも成果を出し続けることができるとは限らないのです。**現状維持を求めていると、結果として時代に取り残され、退化していきます。**

いつもの成果を積み重ねながらも新しいことに挑戦をして、ときに大きな成果を出す――そういう人が成長し続け、成果を出し続けるのです。

この「成長スパイラル」を起こそう

チャレンジ精神を失わないためのカギは、ここまで何度も触れた「課題意識」です。ただ目の前の仕事をこなすのではなく、**自分に特定化された、解決すべき「課題」を持ち、自分のやるべきこと、やりたいことを明確にし、それを実行しているか**――ということです。

私は「課題解決コンサルタント」としてセミナーや研修をしていると、たくさんのビジネスパーソンに会う機会があります。そのようななかでも、必死に課題に向き合い、解決しようとしている人を見ると、心の底から応援したくなりますし、手助けしたくなります。

しつこいようですが、あらためて「課題」と「問題」の違いについて述べると、たとえば、「会社の売上が下がっている」という事態が起こっているとして、この会社の売上が下がっているというのは、あなたにとっての「問題」でもありますが、あなた「だけ」の問題ではありません。会社全体や各部門の問題でもあります。

一方で、「課題」とは、その会社全体の問題を解決するために、「会社」ではなく「自分」がやるべきことです。つまり、あなたに特定化された、解決すべき問題が「課題」なのです。

仕事には「課題」が存在します。課題が解決すればまた課題が見つかり、「**課題解決のスパイラル**」が続きます。一つ課題を解決すると、さらなる課題が待ち受けています。それを解決するために必死に取り組む――それを続けていくことが自分を成長させ続ける最良のスパイラルなのです。

サッカー日本代表の「知・情・意」

この「課題解決のスパイラル」について考えるときの一例として、私はサッカー日本代表の選手たちの歴史が思い浮かびます。

Jリーグができ、人気は出てきたもののまだまだ実力不足は歴然。ワールドカップ出場をあと一歩のところで逃したり、親善試合でもヨーロッパや南米の強豪には歯が立たなかったり、世界の壁に次々とぶち当たりました。

そんなつらい時代のなか、日本代表を強くするという「問題」を解決するために、選手たちは自分のスキルを磨くという「課題」を持って、Jリーグを飛び出してヨーロッパや南米のリーグへ旅立つようになりました。いまでは、代表選手のほとんどが海外組です。

レベルの高い海外リーグで揉まれて技術を磨き（知）、実力者がひしめくシビアな環境のなかで競争してメンタルを鍛え（情）、サッカー選手として成功する、日本のサッカーを強くするという目的のためにやり抜く（意）――。そういう「知・情・意」のすべてのレベルを上げてきた成果だと私は思います。いまや日本は、ワールドカップに出場するのは当たり前で、世界ランキング一八位というすばらしい成績を収めています（二〇二四年四月現在）。

〝花王の暴れん坊〟の仕事術

「課題意識」が仕事を好転させる。

このことを考えるとき、私の頭に真っ先に浮かぶのが、前にも取り上げた花王の社長・会長を歴任した丸田芳郎さんです。

丸田さんのすごさをまず挙げると、圧倒的なスピードとパワフルさでビジネスを切り開いていったことでした。

海外出張から帰国するとそのまますぐに会社に戻って仕事をはじめるというツワモノで、この人は疲れを知らないのかと思ったものです。

しかし、丸田さんにとっては、こんなのはあたりまえなのです。仕事が好きで好きでしかたがないのです。

また丸田さんにとって、仕事は生きがいでした。京都大学工学博士の履歴を持ち、化学が専攻分野でした。戦後初の合成洗剤を日本に導入し、のちの花王の主軸商品となる「アタック」をはじめとするコンパクト洗剤や、花王初の化粧品「ソフィーナ」など、さまざまな思いきった新商品を開発し、世に送り出し、一時代を築きました。

これだけではありません。花王製品だけを扱う直販店の創設、物流網の整備、そのほかさまざまな問屋制度も見直し、課題を次々と解決して、花王を世界的企業にまで押し上げていったのです。

〝花王の暴れん坊〟といわれ、まさに「知・情・意」の「意」の塊のような人でした。

また丸田さんはものすごい勉強家で読む本の量もハンパではなく、「知」のレベルアップのためのインプットも怠りませんでした。企業間の激しい競争もありましたが、丸田さんは強靭《きょうじん》な情熱と柔軟なメンタルを持って闘い続けました。「最強丸田」を直接見られた私はなんと幸運だったのかと思っています。

「遊ぶ」からこそ成果が出る時代

誰もが知っている食品メーカーの永谷園には、**「ぶらぶら社員制度」**という制度があります。ベテラン社員のなかから選ばれ、一年間「新商品開発に結びつくような情報を入手し、どんどん上に渡す」という制度です。

どこに行っても、何を食べに行ってもいい。そのための交通費や飲食費などの経費は会社ですべて支払うという制度です。仕事に遊びの要素を入れたのです。

たとえば、あの人気ロングセラー商品「麻婆春雨」はこの制度から生まれたそうです。

何がいいたいかというと、**「遊び」の大切さ**です。

苦しいだけ、つらいだけでは、「知・情・意」は磨かれません。

私たちは、生活のために仕事をしていますが、それだけではありません。お金のためだけでは仕事を楽しむ余裕がなくなります。

「損得勘定」ばかりするのをやめて、仕事を楽しむ工夫をしてみてください。たとえば、私は、出版企画のアイデアを考えるときは、編集者とお酒を飲んで雑談しながら探ったりします。そのほうがリラックスして、発想が豊かになり、面白いアイデアが出せるからです。

なにもお酒を飲みながら仕事をしろ、といっているわけではありません。

「遊び感覚」を仕事に取り入れてみよう。

そう提案したいのです。遊びは脳を刺激し、新たなアイデアを生み出すなど創造性を高めるために必要なのです。

多様化が進む現代社会では、正解のない問題を解き、答えを自らつくる姿勢が求められています。

「遊ぶように仕事をする人」が成果を出す時代です。そういう人が「知・情・意」のレベルを上げられるのです。

あなたの「ファン」のつくり方

「あなたにとっての最高の協力者は誰ですか？」

私にとっての最高の協力者は、花王時代の仲間や、コンサル仲間、出版チームの人たちですが、あなたがベテランになったとき、この質問にすぐに答えられるようにしてください。

そのためにも、若手時代に、

「情熱的に目標に向かっている姿を多くの人に見せる」

ということが求められます。

人は、成功する「喜び」を共有したいのです。アイドルのファン、アスリートのファンは損得勘定で動いているのではありません。その人と成功する「喜び」を共有したくて応援しているのです。

あなたが頑張っていると、あなたのファンが必ず現れます。「もうダメだ」と思ったときに、手を差し伸べてくれる人が必ず現れます。

若いビジネスパーソンへ。

あなたの「ファン」をつくりましょう。増やしましょう。

そのためのカギこそ「知・情・意」です。

「知・情・意」を磨き上げていくプロセスで、あなたに協力してくれる人、あなたを応援してくれる人、あなたを助けてくれる人が必ず現れるでしょう。そういう人のことをとことん大切にして、ともに成功を目指してください。

「コミュニティ」を自らつくるメリット

「コミュニティ」とは、共通の目的や興味などを持った人たちの集まりのことです。

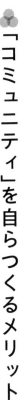

広くとらえれば、当然、会社もコミュニティですが、一般的にはもっと狭い意味での、意見交換をしたり、情報共有をしたり、相互支援をしたりする集まりを指します。

あなたはどんなコミュニティに属しているでしょうか。仕事関係、業界関係、あるいは趣味の集まりなど、いろいろあるでしょう。また、いまは「リアル」だけでなく、「オンライン」もあって、誰もがなんらかのコミュニティに属しているはずです。

そのコミュニティは、有効に機能しているでしょうか。あなたの「知・情・意」を向上させるのに役立っているでしょうか？

なんとなくつながっているだけ、惰性で続けているだけ、なかには高額なお金を払って所属するコミュニティもあって搾取されるだけになっていないでしょうか？　そんなコミュニティからはすぐに脱出してください。

私は、できれば、

「自分が主宰となってコミュニティをつくる」

ということを提案します。

メリットは主に二つあります。

①自分の得たい成果に直結する
②自分の都合を優先しやすい

自分が主宰ですから、自分で参加者の人選ができますし、話し合うテーマなども自分で決めることができます。いい情報を集めることができ、成果につなげやすいでしょう。

また、自分が主宰であれば、参加者が集まる場所や時間なども自分の都合を優先しやすくなります。

もう一つのメリットとして、もし、思うような集まりになっていないな、やめたいなと感じたら、自分の判断でやめることができるのです。

自分が主宰となってコミュニティをつくることには、そのようなたくさんのメリットがあるのです。

あまり肩肘張らず、ゆるい関係の会を主宰してみましょう。小さな集団でも、リーダーシップを取る経験もできますし、そのなかから将来の同志が見つかる可能性もあるのです。

「長い時間軸」を持つと仕事が変わる

154ページで、大きく成長したい、大きな成果を出したいなら、「長期的視点」がなければならない、と述べました。

たとえば「五年後に、こういう成果を出したい」「一〇年後に、こういう成果を出したい」というものを決めてください、と。

いまは目先の仕事をこなすだけでいっぱいいっぱいで、そんな先のことを考える余裕はないよ……という人も多いでしょう。

そういいたくなるのはわかりますが、それでも五年後、一〇年後のことを考えておくことが大切です。

実際に五年、一〇年など、ただがむしゃらにやっていれば、あっというまです。

振り返ったときに、「こんなはずじゃなかった……」「もっと目標を持って仕事をしておけばよかった……」などといわなくていいように五年後、一〇年後の長期的な目標、しかも大きな目標を設定しておく必要があります。

五年後、一〇年後に成し遂げたい大きな目標——夢といってもいいでしょう。それを決めてください。

長い時間軸を持つと、仕事が変わります。

なぜか。思考を理性的にするからです（**知**）。人は短期的なことばかり考えていると感情的になりがちです。

また短期的なことばかり考えていると損得勘定にも振り回されやすくなりますが、長期的な視点があれば、目先の出来事に右往左往することがなくなり、マインドが安定します（**情**）。

そして、より継続的、持続的に成果を出すための考えや行動ができるようになるのです（**意**）。

まさに「知・情・意」のレベルが高い仕事ができるようになるのです。

「長期的な視点」が「希望」を生む

また、**長期的な視点を持つと「希望」が生まれます。**いま逆境にいても、何か失敗したり挫折したりしても、力強く立ち上がり、また前を向いて進んでいく力が生まれます。

『希望学』（玄田有史編著／中央公論新社）という本のなかに、こんな言葉があります。

希望は実現することだけに意味があるのではない。希望が創り出す修正や調整のプロセスにこそ意味がある。それは個人の充実だけでなく、社会全体の資源配分の効率性を高める可能性すら持っている。

なぜ希望を持つことに意味があるのか。それは希望がなければ失望もできないからだ。失望や挫折を経験することが、本当の自分の可能性を見出し、社会状況を改善するための最良の手段となるのだ。

私自身、「夢破れて」を繰り返してきました。「もう何をやってもダメだ」と思う経験を何度もしてきました。しかし、そのつど「希望」を持ってなんとか立ち上がってきました。五年後、一〇年後の自分など、遠すぎてイメージがなかなかできないかもしれません。しかし、繰り返しますが、「それでも」五年後、一〇年後のことを考えるべきだと思います。

五年後、一〇年後を意識できると、考え方が大きくなります。人間的な器も大きくなります。仕事もダイナミックになっていくのです。

「成長」こそ「幸福」のカギ

「あなたが人生に絶望しても、人生はあなたに絶望していない。あなたを待っている誰かや何かがある限り、あなたは生き延びることができるし、自己実現できる」

過酷なナチス収容所体験を記録した著書『夜と霧』の作者、精神科医ヴィクトール・フランクルの言葉です。

人間本来が持つ**「レジリエンス」**はとてつもなく尊いものです。

レジリエンスとは、変形した物質が元に戻ろうとする自然の回復力を意味する言葉です。最近では、「精神状態の回復」を表現することに使われています。

仕事も人生も、順境のときばかりではありません。必ず逆境のときがあります。どんな逆境にあっても、あなたを支えてくれる何かがあるはずです。私自身、仕事において、数えきれない逆境に陥りました。それでも、多くの人々の助けによって、なんとかやってきました。

私はまわりの人に支えられていることを実感しています。会社員のときは会社関係の人たち、独立後はコンサル仲間。たくさんの力を貸してくれた人のことを忘れません。

なんでもかんでも一人でやらなければ気が済まない人がいます。しかし、一人で仕事人生を乗りきるのは難しいのです。誰かの協力があって、あなたの仕事は成り立っていることを忘れてはいけません。

ご縁を大切にし、けっして人を裏切らないことです。助けてくれた人への恩をけっして忘れないことです。

あなたが、恩のある人に助けを求められたら、今度はあなたがその人を助ける番です。**「誰かのために」という気持ちは、知性も、心（感情）も、意志の力も向上させます。**

もちろん、その前提になるのは「自分が幸せになるため」です。

誰のものでもない、たった一度きりの「自分のための人生」です。

あなたが幸せだから、人も幸せにできます。幸せで心の余裕があるから、他者に温かく手を差し伸べることができるのです。

そうやって「幸福の連鎖」が起こります。

この本を通じて読者のみなさんに私が一番お伝えしたかったことは「成長」することの大切さ、すばらしさです。

人間は死ぬまで「成長」し続けることができます。

成長することこそ、幸せになることなのです。

そして成長するためのカギこそ、「知・情・意」を磨くことなのです。

（了）

知《ち》・情《じょう》・意《い》「超《ちょう》」伸《の》びる人《ひと》の法則《ほうそく》

著　者——阿比留眞二（あびる・しんじ）
発行者——押鐘太陽
発行所——株式会社三笠書房

〒102-0072 東京都千代田区飯田橋3-3-1
電話：(03)5226-5734（営業部）
　　：(03)5226-5731（編集部）
https://www.mikasashobo.co.jp

印　刷——誠宏印刷
製　本——若林製本工場

ISBN978-4-8379-2993-2 C0030